교사 20년,
배움을
디자인하다

교사 20년, 배움을 디자인하다
(행복한 교육을 위한 교사 성장 프로젝트)
[행복한 교과서®] 시리즈 No. 46

지은이 | 김동렬
발행인 | 홍종남

2019년 11월 6일 1판 1쇄 인쇄
2019년 11월 13일 1판 1쇄 발행

이 책을 만든 사람들
책임 기획 | 홍종남
북 디자인 | 김효정
교정 교열 | 이홍림
제목 | 구산책이름연구소
출판 마케팅 | 김경아

이 책을 함께 만든 사람들
종이 | 제이피씨 정동수 · 정충엽
제작 및 인쇄 | 천일문화사 유재상

펴낸곳 | 행복한미래
출판등록 | 2011년 4월 5일. 제 399-2011-000013호
주소 | 경기도 남양주시 도농로 34, 부영e그린타운 301동 301호(다산동)
전화 | 02-337-8958 팩스 | 031-556-8951
홈페이지 | www.bookeditor.co.kr
도서 문의(출판사 e-mail) | ahasaram@hanmail.net
내용 문의(지은이 e-mail) | dongryul2@hanmail.net
※ 이 책을 읽다가 궁금한 점이 있을 때는 지은이 e-mail을 이용해 주세요.

ⓒ 김동렬, 2019
ISBN 979-11-86463-46-8
〈행복한미래〉 도서 번호 077

교사 20년, 배움을 디자인하다

김동렬 지음

행복한미래

나는 어떤 교사인가?

"당신의 교육철학은 무엇입니까?"

이런 질문을 받았을 때 선뜻 자신의 교육철학을 자신 있게 말할 수 있는 교사는 많지 않다. 또한 교육철학을 말할 수 있다 하더라도 교육 전문가의 대답으로는 부족한 점이 있는 경우도 많다. 물론 교사라고 해서 모두가 교육철학을 확실하게 대답할 수 있어야 하는 것은 아니다. 아이들에게 장래희망이 무엇인지 물었을 때 바로 답하지 못한다고 해서 꿈이 없는 아이가 아닌 것처럼, 교육철학을 선뜻 대답하지 못한다고 해서 교사로서 교육에 대한 소신이 없는 것은 아니다. 처음부터 확고한 교육철학을 가지고 교사의 길에 들어선다면 좋은 일이지만 교사의 길을 걸으면서 자신만의 교육철학을 만들어가도 좋다. 처음 가지고 있던 교육철학에 변화가 생기는 경우도 있으며, 이는 자연스러운 일이기도

하다. 문제는 교육에 대한 아무런 생각이나 철학 없이 그저 직장인으로
서 교사 생활을 하는 것이다.

　참된 교육을 위해 가장 중요한 요소는 훌륭한 교사라고 할 수 있다.
교사라면 수없이 들어왔던 "교육의 질은 교사의 질을 뛰어넘지 못한
다."라는 말에 누구나 공감할 것이다. 아무리 훌륭한 교육정책과 교육
제도가 있다 해도 아이들과 직접 접하는 교사보다 큰 영향을 주지는 못
한다. 교사는 자라나는 아이의 지적 성장과 인격 형성에 누구보다 많은
영향을 미치는 존재다.

　교사는 교직에 대한 사명감을 가지고 보람과 긍지를 느낄 때 가르
치는 일에 온 힘을 쏟을 수 있다. 전쟁에 나선 군인의 사기가 전투력을

결정하듯 교육에 있어서는 교사의 자긍심과 사명감이 교육활동에 그대로 반영된다.

교육이란 결국 사람이 사람답게 살아가도록 가르치고 배우는 일이다. 교사는 자신으로 인해 어제보다 더 나아진 아이들의 모습을 보면서 보람을 느낀다.

교사와 학생의 만남은 운명적이다. 위인들의 삶을 보면 대부분 삶의 어느 시기에 훌륭한 교사를 만났고, 그 교사가 숨겨진 재능과 용기를 북돋워준 경우가 많다. 학창 시절 훌륭한 교사를 만나는 것은 분명 아이에게는 크나큰 행운이다. 사랑과 열정으로 가르치는 교사와 만난 아이는 하루하루 학교생활이 즐겁고 행복하다.

나는 아이들을 사랑하는 교사인가?

이 질문의 답을 알고 싶으면 아이들과 함께하고 아이들을 생각하는 시간이 많은지, 그렇지 않은지 자신을 돌아보면 된다. 연인 관계에 있어서 상대방을 많이 생각하는 사람이 더 많이 사랑하는 사람이듯, 누군가를 생각하는 시간이 많은 것은 그 사람에 대한 관심과 애정이 크기 때문이다. 따라서 아이들을 생각하는 시간이 많고 함께하는 시간이 많다면 분명 아이들을 사랑하는 교사라고 할 수 있다.

나는 아이들에게 열정적인 교사인가?

교사의 삶 속에서 언제가 가장 열정적이었다고 생각하는지 물으면 대부분의 교사들은 초임 시절을 떠올릴 것이다. 아이들에 대한 열정이 가득했던 그때가 교사로서 가장 빛나는 시절이라고 여기기 때문일 것이다. 설렘과 열정으로 가득했던 초임 시절을 생각하는 것만으로도 힘이 난다. 그런데 지금도 여전히 아이들을 보는 것에 설렘이 있다면 분명 열정적인 교사다. 반면 아이들에 대한 열정이 없다면 좋은 교사가 아니다. 끊임없이 아이들을 위한 관심이 지속되고 있다면 열정적인 교사라고 할 수 있다.

나는 끊임없이 성장하는 교사인가?

다른 직업도 그렇지만 특히 교사라는 직업은 지속적으로 배워야만 하는 직업이다. 가르치는 일이 싫으면 교사를 할 수 없는 것처럼, 더 이상 배우지 않는 것 역시 교사로서의 자세가 아니다.

교실에서는 하루에도 수많은 일들이 일어난다. 비슷비슷한 일들 같지만 똑같은 일은 없다. 그때그때의 상황에서 아이들에 대한 대처방법은 매번 달라야 한다. 의사가 증상이 비슷해 보이는 감기 환자에 대해서도 저마다 처방전을 달리하듯이, 교사도 아이에 따라 비슷해 보이는 일에 대해서도 교육적 접근이 달라질 수 있다. 따라서 교사는 끊임없이 배우고 또 배워야 한다.

교사가 성장한다는 것은 교육에 대한 열망을 가지고 있다는 말이다. 하지만 항상 뜨거운 열정과 열망을 가지고 교직생활을 해나가는 것은 쉬운 일이 아니다. 그러므로 느슨해질 때마다 자신을 되돌아보는 성찰을 통해서 한 걸음 더 성장할 수 있다.

나는 어떤 철학으로 아이들을 대하는가?

교사로서 가끔은 자신의 행동과 삶에 대해 천천히 되돌아보는 시간도 필요하다. 성찰하는 시간이 없으면 자신이 잘 하고 있다는 생각에 사로잡혀 발전하기 어렵다. 따라서 교사로서 나는 어떻게 살고 있는지 자주 되돌아봐야 한다. 또한 생각을 실천하기 위한 구체적인 계획을 세워서 행동으로 옮기는 것도 필요하다. 자신과 만나게 된 아이들을 어떻게 지도하겠다는 로드맵을 가지고 있어야 좋은 교육을 할 수 있다.

교육철학이라고 해서 꼭 거창할 필요는 없다. 교사에게 교육철학이란 학급을 어떻게 운영하고 어떤 점에 중점을 두며 어떻게 아이들을 교육할 것인가에 대한 답이기도 하다. 필자도 초임 시절에는 학급 교육과정을 어떻게 설계할지, 급훈을 어떻게 정해야 할지 몰라서 이것저것 좋은 말들을 그저 갖다 붙였던 기억이 있다. 한편 교육철학은 내가 맡은 아이들이 최소한 어떻게 커나가기를 바라는가에 대한 고민이라고도 할 수 있다. 교육적 소신과 철학을 잊은 교사는 교육의 목적을 달성하기 어렵다. 자신의 교육철학을 자주 상기하면서 교사의 길을 간다면, 이정표를 정해두고 가는 것과 같아서 쉽게 방향을 잃지 않는다.

나는 괜찮은 교사인가?

해를 거듭할수록 고민하게 되는 것 중의 하나가 '나는 과연 괜찮은 교사인가?'라는 물음이다. 보통 "괜찮다."라고 하면 나쁘지 않다고 해석된다. 하지만 괜찮다는 것은 그 이상을 넘어 최고에 가깝다는 말과 같다.

"이 옷 어때?"라는 물음에 "어, 나쁘지 않아. 괜찮아."라고 대답하면 좋다는 뜻이다. 게다가 "아주 괜찮아."라고 하면 더할 나위 없이 좋다는 또 다른 표현이 된다. "그 선생님, 참 괜찮은 선생님이었어."라는 말은 교사로서 나쁘지 않았다는 것을 떠나 최고였다는 뜻과도 같다.

교직생활을 하는 데에는 '나는 꽤 괜찮은 교사'라는 자기 스스로의 위로도 필요하다. 괜찮은 교사로 살아간다는 것은 생각보다 쉽지 않은 일이다. 괜찮은 교사로 산다는 것은 좋은 교사가 될 수 있다는 것과 같다.

퍼스트 펭귄이라는 말이 있다. 펭귄은 보통 무리 지어 생활하는데, 바위나 얼음덩어리 위에 있다가 바다로 뛰어들어 먹이를 구해야 한다. 하지만 선뜻 바다로 나아가기는 쉽지 않다. 바다 속에는 먹이도 있지만 펭귄을 먹이로 노리는 포식자의 위협이 있기 때문이다. 퍼스트 펭귄은 포식자의 위협에도 불구하고 목적을 향해 바다로 맨 먼저 뛰어드는 용감한 펭귄이다. 퍼스트 펭귄이 먼저 바다로 뛰어들면 그 뒤를 따라 수많은 펭귄들이 바다로 뛰어든다.

우리의 교육도 이처럼 실패를 두려워하지 않고 자신에게 닥쳐올 위험을 감수하며 헌신하는 선구자적인 교사들이 있어 발전해왔다. 교육현장에서 남다른 열정과 사랑으로 아이들의 교육을 위해 노력하는 교사의 모습을 보고 다른 교사들도 뒤따라 할 수 있었다. 이처럼 실패를 두려워하지 않는 도전정신은 교실의 변화를 위한 소중한 과정이다.

"아무 일도 하지 않으면 아무 일도 일어나지 않는다."

학교 업무와 아이들 지도에 열심인 교사가 많은 업무와 다양한 교육활동에 몰두하다 보면 실수가 나오기도 한다. 하지만 예전의 방식으로 그저 최소한의 일만 하는 교사는 실수도 없다. 주변에서 열심히 교육하던 동료교사에게 불미스런 사고가 일어나는 경우도 종종 보게 된다. 하지만 이렇게 노력하며 앞으로 나아가는 교사가 있기에 우리 교육이 발전해온 것이다. 아무 일도 하지 않으면 아무 일도 일어나지 않겠지만, 그대로 있으면 결국 교육은 후퇴하게 된다.

이 책은 교사로서의 내 삶을 되돌아보며, 이제 막 교직에 들어온 선생님들에게 앞으로의 교직생활에 조금이나마 도움이 되고자 쓰게 되었다. 교사로서 어떤 철학을 가지고 아이들을 교육하고 있는지 생각하는 계기가 되었으면 하는 바람을 가져본다.

매일매일 성장을 꿈꾸는 선생님께 도움이 되고자 합니다.
오늘도 아이들과 함께 행복한 하루를 열어가는 선생님들을 응원합니다.

차례

1부

교사, 당신은 행복한가요?

'교사 후회' 세계 1위의 불편한 진실

아이들에게 장래희망을 물어보면 선생님이라고 하는 아이들이 많다. 여러 가지 이유가 있겠지만 우리나라에서는 교육자를 존경하는 전통이 있기 때문이다. 여기에 교사라는 직업의 안정성이 고려되면서, 장래희망으로서 인기가 더욱 커지고 있다. 주변에서 교사가 되기 위해 몇 년씩 임용고시에 매달리면서 기꺼이 젊음을 투자하는 사람들을 보는 것도 어렵지 않은 일이 되었다.

실제로 한 조사에 따르면 장래희망이 교사인 15세 청소년들의 비율을 보면 경제협력개발기구(OECD) 회원국 중 우리나라가 두 번째로 높은 것으로 나타났다. [YTN 뉴스, 2015. 12. 21. 보도자료]

자료: 경제협력개발기구

가장 많은 청소년들이 교사를 희망한 국가는 터키(25.0%)였고, 한국 청소년들은 15.5%로 터키의 뒤를 이었다. 터키와 한국을 제외하면 장래희망이 교사라는 응답이 10%가 넘은 곳은 아일랜드(12.0%)와 룩셈부르크(11.6%)뿐이었다. OECD 전체 회원국 평균을 보면 15세 청소년들 중 장래 교사가 되고 싶어 하는 학생의 비율은 4.8%였다. 따라서 OECD 회원국 전체를 보면 전반적으로 교사라는 직업이 아주 인기 있는 직업은 아니라고 볼 수 있다.

우리나라에서는 예로부터 '스승의 그림자도 밟지 않는다.'라고 하여 가르치는 사람에 대해 존경심이 많았다. 그러나 예전처럼 군사부일체(君師父一體)와 같은 존경의 의미보다 요즘에는 직업으로서 교사의 인기가 높다. 고용 불안정성이 커지는 가운데 교사라는 직업은 정년이 보장되고 퇴직 후 연금 혜택이 있기 때문이다. 또한, 직업적인 안정성 이외에도 휴직과 복직이 타 직종에 비해 쉽고, 특별한 일이 없는 한 정년이 보장되는 등 각종 혜택이 취업준비생뿐만 아니라 청소년들에게도 교직이 인기 있는 이유이다. 특히 요즘에는 많은 이들이 라이프 스타일로서 '워라밸(Work-life banlance)'을 추구하기 때문에 '저녁이 있는 삶'을 위한 직업으로서 교직의 인기가 아주 좋다.

OECD 회원국 기준 "교사가 된 것을 후회한다"라고 응답한 비율(단위 : %)

국가	비율
한국	20.1
스웨덴	17.8
포르투갈	16.2
칠레	13.9
폴란드	10.3

자료: 경제협력개발기구

그렇다면 이토록 원해서 드디어 교사가 된 현직 교사들의 생각은 어떨까? 놀랍게도 현장의 교사들이 자신의 직업 선택에 대해서 "후회한다"라고 가장 많이 응답한 국가는 바로 한국이었다. 또 같은 조사에 따르면 현직 교사들의 직업만족도 역시 OECD 회원국 중에서 우리나라가 가장 낮은 것으로 나타났다.

최근에 일어나고 있는 교권추락과 행정업무에 대한 부담, 학생생활지도의 어려움, 학부모와의 관계 등으로 한국 교사들 중 20.1%는 "교사가 된 것을 후회한다."라고 답했다. 이것은 조사 대상국 평균인 9.5%의 두 배 이상 되는 수치로, 20%가 넘는 국가는 한국뿐이었다.

그렇다면 우리나라에는 왜 이렇게 교사가 된 것을 후회하는 이들이 많은 것일까?

여러 가지 이유 중 하나는 우리나라 교사에게는 아이들만 있고, 교사 자신은 없기 때문이다. 흔히 교사에게 아이들만 바라보라고 말하지만, 그것이 꼭 좋은 것은 아니다. 가정에서도 부모가 아이만 바라보고 사느라 자신의 삶이 없다면, 아이들이 성장하여 부모의 곁을 떠난 뒤에는 공허감만 남는다. 교사도 마찬가지다. 교사로서 아이들을 중심에 두어야 하는 것은 맞지만, 아이만을 바라보고 교사 자신의 삶이 없다면 상처를 받기 쉽다.

주변에서 퇴직 전에 교단을 떠나는 교사를 종종 볼 수 있다. 교직을 완전히 떠나지 않더라도 이런저런 이유로 휴직을 하는 교사도 많다. 병역이나 출산 등의 이유로 어쩔 수 없이 휴직하는 것이 아니라 안타깝게도 아이들을 교육하는 과정에서 얻은 상처, 학부모의 민원, 교직원 간의 갈등으로 힘겨워서 휴직하는 경우가 많은 것이다.

교사는 많은 사람들이 희망하는 직업이지만 정작 교사로 살아가는 것은 쉽지 않다. 각종 업무와 민원에 시달리며 더 이상 선생님을 존경하지 않는 아이들과 생활하는 것은 행복이 아닌 고통에 가깝다.

학생들도 교사가 되는 것을 희망하고, 교사도 학생을 가르치는 일을 천직으로 생각하며 자긍심을 가지고 학교생활을 할 수 있으면 좋겠다는 생각을 가져본다.

학생 희망 직업 선호도(2007, 2012, 2016 비교)

순위	초등학생			중학생			고등학생		
	2007	2012	2016	2007	2012	2016	2007	2012	2016
1	교사	운동선수	교사	교사	교사	교사	교사	교사	교사
2	의사	교사	운동선수	의사	의사	경찰	회사원	회사원	간호사
3	연예인	의사	의사	연예인	연예인	의사	공무원	공무원	연구원
4	운동선수	연예인	요리사	법조인	요리사	운동선수	개인사업	연예인	경찰
5	교수	교수	경찰	공무원	교수	군인	간호사	간호사	군인
6	법조인	요리사	법조인	교수	경찰	요리사	의사	엔지니어	보안전문가
7	경찰	법조인	가수	경찰	운동선수	연구원	연예인	의사	요리사
8	요리사	경찰	제빵사	요리사	공무원	보안전문	경찰	요리사	의사
9	디자이너	디자이너	과학자	디자이너	법조인	가수	엔지니어	경찰	연구원
10	게이머	제빵사	게이머	운동선수	회사원	공무원	디자이너	컴퓨터전문가	승무원

출차: 교육부/한국직업능력연구원

＊ 초,중,고 학생들에게 교사라는 직업은 언제나 선망의 직업이다.

학교를 떠나는 선생님

최근 퇴직하는 교원을 보면 정년퇴직 비율은 감소한 반면 명예퇴직은 증가하고 있다. 말이 좋아 명예퇴직이지, 이러저러한 이유로 교단을 떠나는 모습이 안타깝기만 하다. 이처럼 조기 명예퇴직의 바람이 부는 이유는 교권추락과 교육여건 악화, 교권침해와 업무부담, 그리고 공무원 연금 개정으로 인한 불안 등으로 분석된다. 이런 현상은 초등학교보다는 중고등학교에서, 소도시보다는 대도시에서 더욱 심화되고 있다.

아이들이 좋아서 교사가 됐지만 정작 학교 현장에서 아이들을 지도하다 보면 여러 가지 어려움을 겪게 된다. 더욱이 아이들이 더 이상 교사를 존경하지 않는 상황에서 아이들을 가르치는 일은 더욱 힘들다. 교사로서의 자존감도 잃은 지 오래다. 이런저런 이유로 하루라도 빨리 교단을 떠나고 싶어 하는 교원들이 많아지고 있다.

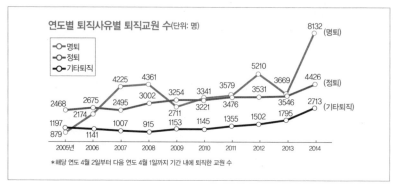

연도별 퇴직사유별 퇴직교원 수(단위: 명)

출처: 한국교육개발원 교육통계DB

예전에는 상상하기도 힘들었던 일이 또 한 가지 있다. 바로 관리자라고 불리는 교장·교감의 명예퇴직이다. 예전에는 몇몇 일반 교사들에게나 있었던 명예퇴직이 이제는 일반 교사를 넘어서 교장, 교감에게로까지 점차 확대되고 있다. 이러한 현상은 무엇을 의미할까? 교사로서뿐 아니라 관리자로서도 학교를 떠나고 싶은 마음이 고스란히 반영된 결과일 것이다. 교사와 관리자 간의 갈등이 심해져 서로에 대해 감사 요청을 하는 경우도 볼 수 있는데, 관리자라고 해서 교직에 대한 회의가 없는 것이 아니다.

대부분의 학교장은 단위학교의 교육에 책임을 가지고 확고한 교육철학으로 학생과 교직원을 이끌어나가고, 교직원은 이런 학교장을 존중한다. 하지만 요즘에는 학생과 관련된 각종 사건 사고에 대한 책임과 함께 불만 민원이 학교장에게 쏟아진다. 교사들에게도 존중받지 못하는 경우가 많다. 물론 교장이라는 권위만을 앞세워 호통을 치던 과거의 모습이 옳다는 것은 아니다. 하지만 적어도 조직을 이끄는 상황에서 최소한의 권위는 필요한데 그렇지 못한 것이 현실이며, 그래서 안타깝게도 교직을 떠나고자 하는 관리자들이 많아지고 있다.

그렇다면 교육현장인 교실에서 교사의 위치는 어떨까? 수업시간에 보란 듯이 책상에 엎어져 자고 있는 학생을 깨워서 혼낼 수 있는 교사가 요즘 시대에 과연 몇 명이나 있을까?

이런저런 이유로 교사는 교사대로, 관리자는 관리자대로 정년을 채우지 못하고 명예퇴직을 생각하게 된다. 이런 내용을 잘 모르는 사람들은 "너희는 철밥통이라서 변화가 없다."와 같은 말을 하곤 한다. 정말 교직이 철밥통이라면 왜 이렇게 서둘러 퇴직하려는 교원이 많을까?

교원의 정년은 현재 만 62세로 정해져 있다. 다른 직종에 비해 좀 늦는 편이지만, 이것을 좋아하는 교사는 많지 않다. 최근 연금법이 개정되면서 교원들의 최초 연금액 수령 시기는 만 65세로 늘어났다. 아마도 대다수의 교원들이 바라지 않는 정년 연장이 뒤따를 것으로 생각된다.

예전의 선생님들은 박봉으로 경제적으로는 힘들었지만 교직을 그만두는 경우는 많지 않았고, 오히려 보람을 가지고 헌신적으로 학생들을 가르치는 분들이 많았다. 그러나 요즘의 선생님들은 예전에 비하면 좀 더 나은 보수를 받고 있지만 교단을 떠나려는 이도 많아지고 있다. 젊은 20~30대 교사들의 절반이 정년까지 교직에 있지 않을 것이라고 응답했다는 조사도 있다.

2018년 6월 9일자 연합뉴스 기사를 보면, 경기도교육청 소속 교사가 자신의 페이스북에서 1980~1996년 사이의 교사 4,655명(남 829명, 여 3,826명)을 대상으로 진행한 설문조사 결과는 다음과 같다.

설문에 응한 47%의 교사는 '정년까지 교직에 있을 생각이 없다'라고 답했고 그 이유로는 '직장에 대한 회의감'과 '교사를 바라보는 사회의 시선', '체력적인 측면', '학생들과 세대 차이'를 말했다.

가장 스트레스를 주는 사람에 대한 문항에는 학부모(39%)가 가장 높았고 학생(24%), 교장·교감 등 관리자(17%), 교육청 등 행정기관(8%) 등이 그 뒤를 이었다. 스트레스 요인으로는 책임감(52%), 행정업무(21%), 비민주적인 학교 시스템(12%) 순으로 조사됐다.

출처 : '20~30대 교사 절반, 정년까지 안 다니겠다', 2018. 6. 9. 연합뉴스

그렇다면 정년을 채우지 못하고 교직을 그만두는 명예퇴직이 말처럼 쉬운 일일까? 또 명예퇴직은 누구나 할 수 있을까?

일단, 명예퇴직은 재직기간이 20년 이상이며 정년퇴직일 전 1년 이상의 기간이 남은 자진 퇴직 희망 교원에 한하여 가능하다. 교육상황과 연금법 개정이 맞물려 교직을 떠나려는 분들이 최근에 부쩍 많아졌지만, 명예퇴직도 좀처럼 쉽지 않다. 평생을 박봉에 시달리면서도 교육에 헌신하였고, 퇴직 후 연금으로 노년을 꾸려가고자 했지만 연금법이 어떻게 개정될지 몰라 불안한 마음으로 너무나 많은 교사들이 신청하는 바람에, 신청자 모두에게 명예퇴직을 허용하지 못하고 있는 상황이다.

명예퇴직에도 우선순위가 있다. 각 시·도교육청마다 다를 수도 있지만 대체로 원로교사, 상위직, 장기근속자 순이다. 원로교사란 교육공무원법 29조에 의거하여 정년 전에 교장 임기가 만료되어 다시 일반 교사로 임용된 교사를 말한다. 상위직은 직위가 높은 교사를 말하는데 퇴직 희망자가 많은 경우 보통 교장, 교감, 교사의 순으로 명예퇴직을 할 수 있다. 교직을 그만두고자 명예퇴직을 신청하려 해도 쉽지 않은 상황인 것이다.

　그런데 문제는 여기에서 끝나지 않는다. 명예퇴직을 신청한 교사가 퇴직을 못하면 어떻게 될까? 교직을 그만두려는 분들이 예전처럼 정성을 다해 아이들을 가르치기는 어려울 것이다. 가르치는 사람도 하루하루가 즐겁지 않을 것이고, 이러한 상황에서 가르침을 받는 학생도 행복하지 않을 것이다. 교단을 떠나려고 고민했던 교사는 떠날 수 있도록 하는 것이 좋다. 국가 재정이 허락하는 한 최대한 조속히 명예퇴직 신청자를 받아주어야 할 것으로 생각된다.

경쟁률 5.4대 1… 교사명퇴, 임용고시만큼 어렵다

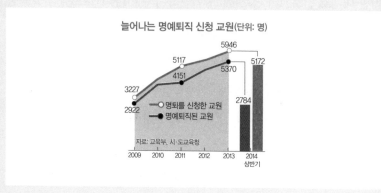

늘어나는 명예퇴직 신청 교원(단위: 명)

○ 명퇴를 신청한 교원
● 명예퇴직된 교원

자료: 교육부, 시·도교육청

	2009	2010	2011	2012	2013	2014 상반기
명퇴 신청	3227		5117		5946	5172
명예퇴직	2922		4151		5370	2784

[중앙일보 2014. 2. 25.]

● **명예퇴직 신청 이유**

1. 교직 업무가 힘들어서(50.9%)

2. 건강상 이유(5.4%)

3. 금전적 고려(5.4%)

4. 교원 간의 인간관계(5.4%)

○ **명예퇴직 신청이 늘어난 원인**

1. 학생 지도가 어려움(36.5%)

2. 잡무 스트레스(15.5%)

3. 학부모 민원(15.0%)

4. 연금개혁 불안감(12.8%)

교사, 번아웃에 빠지다

아침에 출근해 교무실에서 차라도 한 잔 마시고 있으면, 한 아이가 달려와서 말한다.

"선생님, 교실로 빨리 가보세요. 승현이랑 동훈이가 싸워요."

여유롭게 차 한 잔 마실 시간도 없이 서둘러 교실로 향한다.

수업시간에도 잠시도 사고 없이 넘어가는 법이 없다.

"선생님, 소희가 자꾸 연필로 등을 찔러요."

"선생님, 승우가 장난감 가지고 놀아요."

"선생님, 준혁이가 제 물건을 가져갔어요."

"선생님, 광수가 저한테 욕했어요."

"선생님, 지우가 우유 엎질렀어요."

점심시간에도 소란은 계속된다.

"선생님, 우성이가 자꾸 끼어들어요."

"선생님, 수진이가 식판을 엎질렀어요."

"선생님, 태준이가 제 반찬을 집어 먹어요."

이렇게 하루 종일 아이들과 씨름하고 나서 아이들을 보내고 나면 한동안 맥이 풀려 의자에 앉아 움직이질 못한다. 그런데 그것도 잠시, 동료 교사들로부터 메시지가 쏟아진다.

"각 학급별 환경 글짓기 우수작 뽑아서 보내주세요."

"운동회 학년 프로그램 계획서 보내주세요."

"3시 30분에 직원 협의가 있으니 교무실로 모여주세요."

"학급별 교통도우미 명단 보내주세요."

업무를 마치고 집에 와도 학부모 전화를 받다 보면 쉴 시간은 없다.

"선생님, 오늘 태식이가 점심시간에 운동장에서 노는데 5학년 형들이 축구장에서 비키라고 했다고 하네요. 어떻게 고학년이 동생들에게 운동장을 사용하지 말라고 하죠? 이번 일은 그냥 넘어갈 수 없어요."

"수정이 뒤에 있는 소희가 수업시간에 자꾸 연필로 건드린다고 하는데 이게 대체 몇 번째인지 모르겠네요."

"휴……."

이렇게 하루 종일 몸과 정신이 지치고 시달려 에너지가 고갈된 상태를 번아웃(Burn-out)이라고 한다. 의욕적으로 일에 몰두하던 사람이 극도의 신체적, 정신적 피로감을 호소하며 무기력해지는 현상을 말한다. 탈진증후군, 연소증후군, 소진증후군이라고도 하며 모든 것에 의욕을 잃고 무기력함에 빠지고 수면장애, 우울증, 대인관계 약화, 인지 기능 저하 등을 유발하기도 하는 증상이다.

수많은 학생들과 학부모를 상대해야 하는 교사는 번아웃에 빠지기 쉽다. 교사라는 직업은 사회적으로 도덕적 수준에 대한 기대가 높아 스트레스를 많이 받는 직업 중 하나다. 아이들은 언제 어디에서 무슨 일을 할지 모르고, 학부모의 요구는 거세기만 하다. 이러한 상황에서도 교사라는 직업상 자신의 감정을 자제해야만 한다. 교사가 순간의 감정을 참지 못해 자제력을 잃으면, 비난의 화살이 쏟아진다. 그렇다 보니 몸과 마음의 에너지가 고갈되어 번아웃에 빠지게 되는 것이다. 이처럼 교사가 번아웃에 쉽게 빠지는 이유는 끊임없이 자제력을 요구받기 때문이다.

그렇다면 교사 번아웃을 예방하기 위해서는 어떻게 하면 좋을까?

먼저, 결과에 집착하지 말아야 한다. 과정이 아닌 결과에만 신경을 쓰다 보면 부담을 가질 수밖에 없다. 다른 교사들보다 앞서야 한다는 생각이나 관리자, 동료 교사, 반 아이들과 학부모를 실망시키지 않겠다는 생각은 심리적인 압박을 준다.

또 다른 예방법은 포기하는 법을 배우는 것이다. 과거 우리 사회는 포기를 모르는 불굴의 투지를 가진 사람을 훌륭한 사람으로 여겼다. 그래서 포기라는 단어는 무조건 부정적인 것으로 여겼다. 하지만 시대가 변하면서 해야 할 일들이 점점 많아지고 있는 만큼, 포기해야 하는 일도 생길 수 있다. 포기는 성장하는 과정 중에 꼭 만날 수밖에 없는 것임을 인정해야 한다.

학교 정원이나 운동장 주변을 산책하며 기분 전환을 하는 것도 좋다. 따스한 햇볕을 받으며 가볍게 걷는 휴식은 활력을 준다. 미국 캘리포니아 주립대의 연구에 의하면 하루 10분 정도 산책을 하면 기분이 좋아질 뿐만 아니라 두 시간 정도의 시간을 버틸 수 있는 에너지가 충전된다고 한다. 아이들 급식 지도가 끝난 후, 교실로 오는 길에 가볍게 운동장 한두 바퀴를 도는 것으로도 번아웃을 예방할 수 있다.

또, 계획을 세워 일처리를 하는 것은 좋지만 지나치게 세밀한 계획은 오히려 부담이 된다. 업무 계획을 세울 때는 자신의 상태를 체크해보고 멀리 내다보고 추진하는 것이 좋다. 학교 업무에 대한 계획만 세우는 것보다는 자신이 좋아하는 여행이나 운동 계획을 세우는 것도 도움이 된다.

인기밴드 자우림의 보컬 김윤아는 어느 예능 프로그램에서 번아웃 증후군을 겪었던 경험에 대해 얘기하면서 "베짱이처럼 노래만 하고 있는 게 한심하게 느껴졌다. 현실적인 문제에 봉착한 사람들이 많이 있는데 무대 위에서 노래만 부르는 게 창피했고, 내가 하는 일이 쓸모없는 것같이 느껴졌다."라고 말했다.

번아웃은 누구에게나 올 수 있다. 특히 열정적인 교사라면 번아웃에 더욱 빠지기 쉽다. 그러나 지쳐 있는 자신에게 더 열심히 하라는 압박을 가하기보다는 때론 휴식이 필요하다. 교사마다 조금씩은 다르지만 감당할 수 있는 한계점이 있다. 한계점에 도달하기 전에 적당히 스트레스를 풀어주지 않으면, 결국 더 크게 폭발하게 된다. 그 대상은 아이들이 될 수도 있고, 동료 교사, 가족이 될 수도 있다. 괜찮다고 참고 억누르면서 한계에 다다르는 것보다는 자신이 번아웃 상태임을 인지하고 쉬어가야 한다. 한 번쯤 멈춰 서서 힘들게 버텨온 자신에게 적정한 보상을 하면서 쉬는 것도 필요하다.

교사는 감정노동자라고도 말할 수 있다. 때론 지치고 피곤해도 아이들과 학부모에게 항상 밝게 대해야 하는 직업이기 때문이다. 그러나 가끔은 자신의 감정을 표출하기도 하고, 생활에 쉼표를 찍어서 교사 번아웃에 빠지지 않도록 예방하는 것이 좋다.

교사 번아웃에서 빠져나오는 방법

한번 소모된 에너지는 쉽게 회복되지 않기 때문에 번아웃에 빠지지 않도록 미리 예방하는 것이 좋다. 만일 번아웃 상태가 되었을 때에는 다음을 참고하여 에너지를 회복하도록 한다.

1. 먼저 자신이 번아웃 상태임을 인식해야 한다. 대부분의 교사는 자신이 번아웃 상태인지도 모른다.
2. 자신에게 보상을 하고 에너지를 충전할 수 있는 방법을 찾아야 한다. 가장 쉬운 방법은 하고 싶은 일을 찾아서 하는 것이다. 운동 클럽에 가입한다든지 음악학원에서 드럼을 친다든지 하는 방법도 에너지를 충전하는 일이다.
3. 휴식의 시간을 가져야 한다. 가장 좋은 방법은 평정심을 갖는 것이다. 몸과 마음의 에너지를 효율적으로 관리하고 아껴 써야 자제력을 잃지 않을 수 있다.
   평정심을 유지하는 방법 중 하나는 명상이다. 명상은 자제력의 사용으로 인한 피로를 완화해준다. 출근 전이나 수업 전, 점심시간, 아이들 하교 후 등으로 시간을 정해 명상을 하는 것이 좋다.
4. 각종 상담은 계획에 의해서 실시한다. 교사는 퇴근 후에도 학부모 전화 등으로 제대로 쉬지 못하는 경우가 많다. 학년 초에 학급 홈페이지 등을 이용해 학부모 상담은 계획에 의해 한다는 것을 명시하는 것이 좋다.

회복탄력성, 지금의 위기를 극복하는 힘

학급마다 문제를 자주 일으키는 학생이 있을 것이다. 솔직한 심정으로 '이 아이만 없으면 정말 좋겠다.'라는 생각이 드는 경우도 있을지 모른다.

이렇듯 가끔 힘든 일이 밀려와서 불행한 마음이 들 때면 대체로 자기 자신에게 패배적인 물음을 자주 하게 된다.

'왜 이렇게 나는 아이들을 잘 가르치지 못할까?'

'왜 하필 6학년을 맡게 되었지?'

'왜 작년 5학년 담임들은 반 편성을 이렇게 한 거지?'

'왜 우리 반만 이렇게 문제아가 많지?'

'왜 나한테 이런 학년과 업무를 맡겼을까?'

이런 생각을 하게 된다. 하지만 이러한 물음은 상황을 개선하는 데

별로 도움이 되지 않는다. 모든 것을 남 탓으로 돌리면 아무것도 할 수 없다. 자신이 처한 현실을 책임감 있게 받아들이지 않는다면 개선될 가능성은 없다. 지금 내 앞에 놓인 문제들은 다른 사람과의 관계 속에서 내가 만들어낸 일의 결과이다.

그렇다면 이런 물음은 어떨까?

'어떻게 학교생활을 즐겁게 하면서 아이들을 가르칠 수 있을까?'

'어떻게 하면 학생들과 좋은 관계를 맺을 수 있을까?'

'어떻게 업무 처리를 하면 효율적일까?'

이런 물음은 교사가 개선하고자 하는 방향으로 나아갈 수 있도록 이끌어준다. 습관적으로 던지는 물음을 '왜 ~일까?'가 아니라 '어떻게 하면 ~할까?'로 바꾸어 방법을 생각한다면 지금 처한 상황을 개선할 가능성이 있다.

교직생활을 하다 보면 크고 작은 시련과 역경이 누구에게나 생기기 마련이다. 아이들과의 갈등, 학부모와의 갈등, 업무 처리에서의 실수나 짜증스러운 일 등의 어려움은 교사가 극복해야 할 것들이다. 성공적인 교직생활을 위해서는 실패의 과정도 필요하다.

한편 누구나 이처럼 어려운 상황을 이겨낼 수 있는 힘이 있는데, 이러한 힘을 회복탄력성이라 한다. 회복탄력성은 고무줄이나 스프링과 같이 원래대로 되돌아오는 힘을 말한다. 하지만 되돌아갈 수 있는 힘 이상으로 늘이면 고무줄은 끊어지게 되고 스프링은 원래의 모습으로 돌아가기 어렵게 된다.

미국 회복탄력성 센터의 창립자인 M.와그닐드(Gail M. Wagnild) 박사는 회복탄력성이란 단지 역경을 극복하는 힘이 아니라 활력 있고, 생동감 있고, 즐겁고, 진정성 있는 삶을 살 수 있는 능력이라고 했다.

– 최성애, 『나와 우리 아이를 살리는 회복탄력성』, 해냄, 2014, 15쪽

회복탄력성은 상처회복 능력이라고도 할 수 있다. 상처받았거나 힘든 상황 속에서도 일상으로 돌아갈 수 있는 유연성을 가지고 있다면 회복탄력성이 높다고 할 수 있다. 회복탄력성을 연구한 에미 워너 교수는 회복탄력성이 높은 사람들의 특징을 연구했는데, 그들의 공통점은 바로 '사랑'이었다. 아무리 힘들고 어려운 상황에서도 자신을 믿고 지지하는 사람이 있다면 역경을 이겨낼 수 있는 회복탄력성을 갖게 된다는 것이다.

아이들을 가르치다 보면 담임교사를 싫어하는 아이들도 만나게 된다. 하지만 반대로 담임교사를 좋아하는 아이들도 상당수 있다. 교사를 지지하는 아이가 단 한 명이라도 있는 한 교사는 다시 일어설 회복력을 가질 수 있다는 얘기다.

교사라는 직업은 학생들뿐만 아니라 학부모, 동료 교사 등과의 관계와 업무에 대한 스트레스가 많다. 따라서 우리 교사들에게는 오뚝이처럼 다시 일어서게 하는 힘인 회복탄력성이 반드시 필요하다. 휴대전화 배터리가 충전되지 못한 상태로 하루를 시작하면 왠지 불안한 것처럼, 교사도 에너지를 충전해야 스트레스를 덜 받게 된다.

회복탄력성이 강한 사람은 웬만한 시련과 역경 앞에서도 자신의 목표를 포기하지 않는다. 이러한 회복탄력성은 타고날 수도 있지만 후천적으로 계발하는 것도 가능하다.

그렇다면 회복탄력성이 높은 교사는 어떤 특징을 가지고 있을까?

회복탄력성이 높은 교사는 계획을 잘 세우고, 자신에게 긍정적이다. 계획을 잘 세우는 교사는 자신의 일에 대한 목적이 뚜렷하여 방향성을 잃지 않기 때문에 어려운 상황을 쉽게 헤쳐나갈 수 있다. 또한 자신의 장점을 잘 알고 아이들에 대한 스스로의 지도능력을 긍정적으로 생각하는 교사는 스트레스를 적게 받는다. 이처럼 자신에 대해 긍정적인 교사는 아이들에게도 긍정적이기 때문에, 아이들이 교사에게 가지는 믿음과 사랑이 더욱 커지게 된다. 그리고 그럴수록 교사의 회복탄력성도 커진다. 또한 회복탄력성이 높으면 문제를 유연하게 받아들일 수 있고, 어려움과 시련을 절망으로 생각하지 않으며 오히려 잘 될 거라는 믿음과 용기를 가질 수 있다.

물론 회복탄력성이 높은 사람이라고 해서 어려움을 겪지 않는 것은 아니다. 그러나 큰 어려움 앞에서 절망하지 않고 오히려 모든 일이 잘 될 거라는 희망의 끈을 놓지 않는 사람은 회복탄력성이 높은 사람들이다.

그렇다면 어떻게 해야 회복탄력성을 높일 수 있을까?

학교에서 회복탄력성을 높일 수 있는 방법 중 하나는 걷기다. 교정이나 운동장을 잠시 걷는 것만으로도 좋은 효과를 기대할 수 있다. 잠시 교실을 벗어나 몸을 움직이며 걸으면 생각이 유연해지고 기분이 달라지는 것을 느낄 수 있다. 그렇게 되면 정서적으로도 차분하고 편안해지고, 걱정과 근심도 옅어지게 된다.

한편 작고 명확한 목표부터 계획을 세워 실천하는 것도 회복탄력성을 높이는 방법이다. 또한 결과에 대한 피드백으로 성공 요인과 실패 요인을 분석하여 자신의 노하우로 만들어가면 회복탄력성을 높일 수 있다.

회복탄력성이 높은 교사는 웬만해서는 상처를 잘 받지 않는다. 언제든지 원상태로 돌아올 힘을 가지고 있기 때문이다.

교직의 길을 만들어가는 것은 교사 자신이다. 그러므로 교사는 자신이 처한 상황을 자신의 책임으로 인정하는 태도와 유연한 사고를 가져야 한다. 또한 회복탄력성을 높인다면 교실에서 일어나는 어떤 어려움도 헤쳐나갈 수 있을 것이다.

지금 나의 회복탄력성은?

■ **아래 항목 중 '그렇다'에 표시한 항목의 개수는?**

1. 나는 힘들 때 믿고 의지할 사람이 한 명이라도 있다.

2. 나는 나를 믿는다.

3. 나는 스스로 생활을 잘 계획하고 실천한다.

4. 나는 한 해 목표, 한 달 목표, 일주일 목표 등 하려고 했던 일을 대부분 이룬다.

5. 나는 일주일에 3일 이상, 한 번에 30분 이상 규칙적으로 운동을 한다.

6. 나는 술을 전혀 안 마시거나 마시더라도 취하지 않을 정도로만 마신다.

7. 내 삶은 의미와 가치가 있다.

8. 위급한 상황에서 사람들은 내 말을 믿고 따른다.

9. 나에게는 흥미로운 일들이 많다.

10. 나는 잘 웃고 표정이 밝은 편이다.

■ 0~2개: 회복탄력성이 매우 낮은 상태. 스트레스가 높은 상태.

■ 3~5개: 회복탄력성이 낮은 상태, 스트레스 관리 필요 상태.

■ 6~8개: 회복탄력성이 좋은 상태, 좀 더 증진하면 행복감을 느낄 수 있음.

■ 9~10개: 회복탄력성이 매우 높은 상태, 유연성과 탄력성이 있고 긍정적인 에너지를 주변에 나눠줄 수 있는 상태.

— 최성애, 『나와 우리 아이를 살리는 회복탄력성』 해냄, 2014, 23~24쪽

걱정 말아요, 선생님!

　쉬는 시간에 교실에서 가만히 아이들의 모습을 바라보자. 아이들은 잠시도 가만히 있지 않는다. 자기들끼리 떠들기도 하고 장난을 치기도 하면서 시도 때도 없이 웃는다. 우유를 마시면서도 웃고, 화장실을 가면서도 웃고, 책을 꺼내면서도 웃는다. 그러다 선생님이 농담이라도 한 마디 던지면 아예 자지러지듯이 웃기도 한다. 교사의 눈에는 하나도 재미없는 일들이 아이들에게는 너무나 재미있는 모양이다. 저학년일수록 더욱 그렇다.

　6학년 담임을 하다가 2학년 보결 수업을 한 적이 있다. 저학년 아이들은 교사의 몸짓과 행동 하나하나에 까르르 웃음을 터뜨렸다. 그런 모습을 보면서 6학년 교실에서 힘들었던 것을 잠시 잊을 수 있었고, 치유받는 느낌이 들었다.

영국의 한 의과대학에서는 웃음에 대해 연구하다가 다음과 같은 사실을 밝혀냈다.

"어린아이는 하루에 평균 400~500번을 웃는다. 그런데 장년이 되면 이 웃음은 하루 15~20번으로 감소한다."

그렇다면 아이들을 가르치는 교사는 어떨까? 넘쳐나는 업무 때문인지는 모르지만 점점 웃음을 잃어가고 있는 것만은 분명하다. 그러나 교사도 교실 속 아이였을 때가 있었을 것이다. 어렸을 때에는 그렇게 밝게 잘 웃던 사람이 나이 들면서 웃음을 잃어가는 이유는 경험에서 오는 미래에 대한 불안과 염려 때문이라고 한다.

우리나라의 성인은 더 웃지 않는 편이다. 외국인은 잘 웃지 않고 인상 쓰고 있는 동양인을 보면 한국 사람이라고 생각한다고 하니, 우리가 얼마나 웃지 않고 표정이 굳어 있는지 알 것 같다. 우리나라의 교사들 역시 잘 웃지 않는다. 교사가 웃지 않으니 아이들도 학년이 올라갈수록 잘 웃지 않는다.

학급을 운영하면서 걱정이 없는 교사가 있을까? 저마다 하는 걱정이 다를 뿐 누구나 걱정을 안고 살아가기 마련이다. 그런데 걱정만 한다고 해서 교사 자신과 학급의 문제가 해결될 수 있을까? 먼저 쓸데없는 걱정으로 시간을 낭비하지는 않는지 생각해보자. 우리가 고민하고 염려하는 일들 가운데 타당성을 가지고 있는 것은 과연 얼마나 될까?

심리학자 어니 J. 젤린스키(Ernie J. Zelinski)는 『모르고 사는 즐거움』이라는 책에서 다음과 같이 말했다.

사람이 하는 걱정 중에서

40%는 절대 현실에서 일어나지 않는 일에 대한 것이고,

30%는 이미 일어난 일에 대한 것이고,

22%는 사소한 일에 대한 것이며,

4%는 우리 힘으로 어쩔 도리가 없는 것에 대한 것이고,

4%만 우리 힘으로 바꿀 수 있는 것이다.

결국, 사람들은 96%의 불필요한 걱정 때문에 기쁨도, 웃음도, 마음의 평화도 잃어버린 채 살아가고 있다는 것이다.

학교에서 아이들과 함께 지내다 보면 여러 가지 걱정거리로 스트레스를 받게 된다. 스트레스는 만병의 근원이라는 말이 있다. 그리고 이처럼 만병의 근원인 스트레스에 시달리고 싶은 사람은 아무도 없을 것이다. 스트레스를 비교적 덜 받을 만한 환경과 더 받을 만한 환경은 존재하겠지만, 스트레스의 강도가 반드시 환경에 비례하지는 않는다. 어떠한 환경이든 자신이 그 환경을 받아들이는 태도에 달려 있다. 자신이 처한 상황을 부정적으로 바라보고 근심과 걱정으로 가득 찬 순간, 그것들은 과도한 스트레스가 된다. 자신의 능력보다 많은 일을 해야 하고, 시간에 쫓겨 업무 처리를 하는 등 감정이 불편한 상태가 되면 스트레스를 받을 수밖에 없다.

한편 약간의 스트레스가 있어야 일이 잘 된다고 말하는 사람도 있다. 보통은 스트레스가 없어야 일에 집중할 수 있다고 생각하지만 단

기적이고 적당한 스트레스는 업무 능력을 올리기도 한다. 이러한 자극을 '옵티멈(적정) 스트레스'라고 한다. 적정 수준의 자극을 견뎌내다 보면 큰 자극이 왔을 때에도 대처할 수 있는 힘이 생겨난다는 것이다. 시험을 앞두고 있다면 스트레스를 받긴 하겠지만 시험이 다가와야 공부에 집중도가 높아지는 경우가 그 예이다.

학급에서 아이들로 인해 적정한 스트레스를 받는 경우, 교사 자신의 성장통이라고 생각하면 긍정적으로 받아들일 수도 있겠다. 하지만 이러한 적정 스트레스도 일시적으로 업무능력을 높일 수는 있지만 장기간으로는 결국 분노와 짜증으로 업무능력이 떨어지게 된다. 교사에게 주어지는 지속적인 스트레스는 결국 아이들의 교육에 좋지 않은 영향을 끼친다.

대부분의 불안과 스트레스는 미리 앞서서 걱정하기 때문에 생겨난다. 그러나 교사가 학급을 운영하면서 걱정하는 일은 의외로 잘 일어나지 않는다. 혹시 걱정할 일이 생긴다 하더라도 교사는 막상 그 순간이 다가오면 걱정하던 것보다 더 잘 해결할 수 있는 능력을 갖고 있다. 따라서 불필요한 걱정으로 에너지를 낭비하기보다는 지금 이 자리에서 아이들을 위해 자신이 할 수 있는 일을 하는 것이 불안과 걱정을 줄이는 방법이다.

"걱정을 해서 걱정이 없어지면 걱정이 없겠네."

– 티벳 속담

최고의 스트레스 해소법

■ 스트레스 연구의 대가 한스 셀리의 최고의 스트레스 해소법

1958년 스트레스에 관한 연구로 노벨의학상을 수상한 캐나다의 내분비학자 한스 셀리(Hans Seyle)에 관한 이야기다.

하버드대학에서 강연을 마치고 내려가는 한스 셀리 박사에게 한 학생이 질문했다.

"교수님, 요즘 같은 스트레스 홍수 시대에 스트레스를 해소할 수 있는 비결 한 가지만 말씀해주시겠어요?"

그러자 한스 셀리는 딱 한마디를 말했다.

"Appreciation(감사)!"

평생 스트레스 연구에 매진했던 대학자의 결론은 바로 감사하는 마음을 갖는 것이었다. 감사하는 마음에는 시기나 질투가 없고, 마음을 평온하게 만들어준다. 감사하는 마음을 가지면 우리 몸에는 '세로토닌'이라는 행복 호르몬이 생성되므로 건강해진다.

교사는 아이들을 떼어놓고는 생각할 수 없는 직업이다. 가르칠 아이들이 있어서 교사도 존재할 수 있다. 그러므로 아이들은 교사에게 스트레스를 주는 대상이 아니라 감사해야 할 대상이다.

그냥 얻어지는 것은 없다

　　교직에 있으면서 도서 지역의 학교에서 근무하는 것은 교사로서 커다란 경험이다. 예전에는 도서 지역에서의 근무를 희망하지 않는 경우가 많았지만 지금은 승진 점수 때문에라도 희망하는 교사들이 많다.

　　2007년, 나는 전북 군산의 신시도라는 섬의 학교에서 근무하게 되었다. 남들은 가고 싶어도 못 간다는 생각으로 부임했지만, 이제 막 돌이 지난 아이를 놔두고 섬에 들어가 근무하는 것은 여러 가지로 마음이 불편한 일이었다.

　　도서 학교로 출근한 첫날, 군대 생활보다도 긴 3년이라는 시간을 섬에서 보낼 생각을 하니 쉽게 잠을 이룰 수 없었다. 내 마음을 알기라도 하듯 하늘에서는 비가 내렸고, 선배 교사가 찾아왔다. 그때 술잔을 기울이면서 했던 말이 가슴에 오래도록 남았다.

"하나를 얻으면 하나를 잃는다."

"노력이나 대가 없이 그냥 얻어지는 것은 없다."

섬에서의 첫날에 들은 이 말들은 내 가슴속 깊이 박혀 이후 교직생활을 더욱 성실히 하도록 해주었다.

섬에서의 생활은 걱정했던 것만큼 크게 어렵거나 힘들지는 않았다. 다만 생활하는 숙소가 낡고 허름했고, 화장실이 멀리 있다는 것 정도가 불편했다. 나는 섬에서 살아가는 아이들은 가정형편이 어렵고 학교교육 이외에는 어떤 사교육도 받기 어려울 거라는 선입견을 가지고 있었다. 그런데 의외로 대부분 일주일이 멀다 하고 도시에 나갔다 오거나, 도시에 아파트 한 채씩을 따로 가지고 있는 경우도 많았다. 흔히 말하는 부촌(富村)이었다. 섬에 학원은 없었지만 교육에 대한 열의도 대단했고, 주말이 되면 밖에 나가 피아노, 수영 등 사교육을 받는 아이들이 많았다.

섬에서의 학교생활은 흥미로운 일들로 가득했다. 어떤 일이 생겨도 관련 기술자를 부르기 어려워, 자체적으로 해결해야 하는 경우가 많았다. 한번은 학교 건물 지붕에 설치되어 있는 스피커가 고장 난 적이 있었다. 선배 교사는 시내에서 '유니트'라는 처음 들어보는 부속품을 사와서 지붕에 올라가 아무렇지 않은 듯 뚝딱 스피커를 고쳤다. 시내 학교에서 근무했다면 상상도 못 할 일이었다. 섬 근무는 아무나 하는 것이 아니구나, 하는 생각이 들었다.

가장 흥미로웠던 것 중의 하나는 운동회였다.

'열 명 정도 되는 아이들을 데리고 어떻게 운동회를 할까?'

이런 나의 생각은 기우에 불과했다. 운동회를 준비하는 과정부터 결과까지, 시내의 학교 운동회 못지않았다. 섬에서의 운동회는 마을 전체의 축제였고, 도시에서는 볼 수 없는 다양한 경기가 펼쳐졌다. 큰 통 안에 긴 낚싯대를 넣으면 그 통 안에 숨어 있던 아이가 낚시에 선물을 매달아서 주는 경기도 있고, 섬 안에서 흔히 볼 수 있는 기름통을 이용해서 아이들이 통 위에 올라가 굴리면서 반환점을 돌아오는 경기, 아빠가 신는 큰 장화를 신고 달리는 경기 등 섬에서만 볼 수 있는 재미있는 경기들이 펼쳐졌다.

도서 학교 운동회 모습

가족과 떨어져 생활해야 하는 불편함은 있었지만 또 다른 학교의 모습을 경험한 것은 나에게 큰 자산으로 남게 되었다. 섬에서의 근무는 하나를 얻으면 하나를 잃는 것이 아니라, 하나를 잃었지만 많은 것을 알게 된 소중한 경험이 되었다.

어떤 일이든 그냥 얻어지는 것은 없다. 한 가지를 얻고자 한다면 다른 한 가지를 포기해야 한다. 노력이나 대가없이 그저 얻어지는 것은 없다는 것을 깨닫게 된 섬에서의 근무는 이후 교직생활을 하는 데 큰 도움이 되었다.

나는 아이들을 잘 가르치고 좋은 교사가 되길 위해 무얼 포기했던가?

평범함 속에 특별함이 있다

교육대학 시절, 국립 부설초등학교에서 교생실습을 하면서 그곳에 근무하는 교사들이 매우 전문적이라는 것을 느꼈다. 교과지도, 생활지도 등 모든 면에서 교사로서 완벽해 보이는 모습을 보고 '나도 나중에 꼭 부설초등학교에서 근무해 봐야지.' 하는 막연한 기대를 가졌다.

교직생활을 하면서도 부설초등학교에서 근무하는 선배 교사들을 보면 대단해 보이기도 하고 존경스러운 마음이 들었다. 매일 밤늦도록 수업연구를 하고 교생지도를 하는 선배 교사의 열정을 따르고 싶었다.

부설초등학교에서 근무해보고 싶은 마음이 커질수록 그곳에서 내가 잘할 수 있을까 하는 걱정도 컸다. 부설초등학교에서 근무하는 교사는 뭔가 특별한 특기가 하나 이상 있어야 한다고 하는데, 아무리 생각해도 내가 남들보다 잘하는 특기가 뭔지 찾기가 쉽지 않았다.

부설초등학교에서 근무하기 위해서는 교육대학교 총장과 부설초등학교장의 면접을 봐야 한다.

"선생님은 왜 부설초등학교에 지원하셨나요?"

"예, 교사로서의 전문성을 배우고 더 많은 경험을 하고자 지원하게 되었습니다."

틀에 박힌 질문에 틀에 박힌 대답을 했다.

"선생님은 어떤 특기가 있나요?"

"……."

한참을 생각해도 대답할 말이 떠오르지 않았다.

"제가 특별히 다른 선생님보다 잘하는 것은 생각나지 않습니다. 하지만 그렇다고 특별히 못하는 것은 없다고 생각됩니다. 특기라고까지 할 수는 없지만 굳이 말한다면 동료 선생님들과 잘 지내고 직원들 사이에서 친목 도모를 잘하는 편입니다. 회식 때 끝까지 남아서 남들을 잘 챙깁니다."

"그런 점이 정말 큰 특기이자 장점이 될 수 있겠네요. 우리 부설초등학교에 딱 맞는 인재네요. 허허허."

당시 면접을 보던 교장 선생님이 흐뭇한 표정으로 말씀해주셨다.

어느 학교나 다양한 인재가 필요하다. 그러므로 자신이 잘하지 못하는 분야에 대해 노력하는 것도 좋지만, 자신이 잘하는 분야에 대해 '내가 이것만큼은 다른 사람보다 잘할 수 있다.'라는 자신감을 갖는 것이 중요하다.

아무튼 그런 과정을 거쳐 부설초등학교에서 근무하게 되었는데, 그 곳에서의 생활은 녹록지 않았다. 도서학교에서 서너 명을 데리고 복식 수업을 하다가 교실을 꽉 채운 30명의 아이들을 상대하는 것은 상당한 부담이었다. 게다가 6학년 담임까지 맡게 되어 부담은 한층 더 가중됐다.

부임 첫날 교장실에서 교장 선생님과 나눈 대화 중에 기억에 남는 것이 있다.

"부설초등학교에서 근무하면서는 잠시 떠나야 하는 것이 세 가지 있습니다. 첫째는 가족이고, 둘째는 친구고, 셋째는 취미입니다. 괜찮으시겠어요?"

이 질문을 받았을 때 약간 당황했다. 정말 부설초등학교라는 곳이 그 정도로 바쁘고 힘든 곳인가 하는 궁금증과 함께, 앞으로의 생활이 걱정되기도 했다.

'뭐 까짓것 여기 근무하는 선생님들 모두가 나보다 뭐든지 다 잘하는 건 아니겠지.'

이렇게 스스로 위안을 삼으며 하나하나 새롭게 배운다는 마음으로 학교생활을 이어갔다.

교사가 되기 위해 사범대와 교육대를 희망하는 사람들 사이에는 약간의 차이가 있다. 중등교사를 양성하는 사범대에 진학을 희망하는 사람들은 어느 특정 교과를 좋아해서 교사가 되고자 하는 경우가 많다. 반면 초등교사를 양성하는 교육대에 진학을 희망하는 사람들은 특정 교과에 대한 관심보다 아이들을 좋아해서 교사가 되려는 경우가 많다.

그런데 담임을 맡은 아이들의 생활 지도나 교과 지도에는 부족한 점이 많은데도 그것에 대한 노력은 별로 하지 않고 자기 개인의 특기 신장에만 신경 쓰는 교사가 있다. 물론 특기를 기르는 것을 폄하할 생각은 없지만 교사로서 기본적인 자질이 더 중요하다는 점을 잊지 않고, 그것을 바탕으로 특기 신장이 이뤄지면 좋겠다고 생각한다.

교직생활을 하면서 뭔가 남다른 특별한 특기가 있으면 물론 좋다. 하지만 교사로서의 기본 자질도 되어 있지 않으면서 특기만 기르는 것은 초등학교 교사로서 그다지 환영할 만한 일은 아니다. 초등학교 교사는 어느 한 분야의 깊이 있는 지식으로 아이들을 지도하는 것보다는 아이들의 전인적(全人的)인 성장을 도와야 하기 때문이다.

교사는 각자 다른 음색을 내는 오케스트라를 지휘하는 지휘자와 같다. 아이들 각자의 개성과 소질에 따라 맞춤식 교육을 해야 한다. 교사가 어느 한 분야에서 특별하게 전문적인 능력을 갖추는 것도 좋은 일이지만, 특별하지 않아도 여러 방면에 능력을 가지고 있는 것도 좋은 일이다.

교직생활을 하면서 꼭 특별할 필요는 없다. 특기가 없으면 다른 교사에 비해 뒤처지는 듯한 생각이 들 수도 있지만 특별한 것이 꼭 앞서가는 것은 아니다. 남의 시선에 휘둘리지 않고 나답게 사는 것도 중요하다. 그동안 어느 분야에서든 "보통이다."라고 하면 그것은 칭찬이 아니라 아쉬움이거나 때로는 비난인 경우도 많았다. 평범한 것은 매력적이지 않은 것이라고 다들 생각해왔기 때문이다. 하지만 요즘에는 평범함의 가치가 점점 더 커지고 있다. 특별하지 않고 평범하다고 해서 행복하지 못한 교직생활은 아니다.

평범함이 있어서 특별함도 있는 것이다. 평범함이 없다면 특별한 것은 더 이상 특별한 것이 아니다.

노멀 크러시(Normal Crush)

Normal(보통의)+Crush(반하다). 화려하고 자극적인 것에 질린 젊은이들이 보통의 존재에 눈을 돌리게 된 현상을 설명하는 신조어. (naver 사전)

2017년 여름, JTBC의 예능 프로그램 〈한끼줍쇼〉에 이효리가 출연했다. 당시 이경규가 길에서 만난 초등학생에게 "훌륭한 사람이 되어야지!"라고 말하자 이효리는 "뭘 훌륭한 사람이 돼? (하고 싶은 대로) 그냥 아무나 돼!"라고 말했다.

이렇게 평범한 삶을 사는 것도 잘 사는 삶이라는 인식에 공감하면서 노멀 크러시에 대한 관심이 커졌다. 커서 특별하고 훌륭한 사람이 되는 것만이 꼭 옳은 삶은 아니라는 생각이 퍼져나가면서 보통의 삶에 대한 사회적 반향을 불러온 것이다.

화려하고 자극적이며 특별한 것에 대한 회의를 느끼고 평범한 것, 일상의 것, 보통의 것에 대해 관심을 갖고 소소한 것에서 만족하는 삶의 방식을 추구하는 이들이 늘고 있다. 노멀 크러시한 삶은 평범해 보이지만, 보통으로 산다고 해서 대충 사는 것은 아니다. 남들 눈에는 성공한 삶이 아닐지라도 순간순간의 소중함을 잃지 않고 자신이 좋아하는 것을 하면서 사는 것이 바로 노멀 크러시가 아닐까?

"반드시 특별할 필요는 없다."
평범하게 사는 삶도 특별한 삶 못지않게 훌륭한 삶이다.

승진 때문에 교육에 소홀해진다면?

몇 해 전, 교감자격연수대상자로 선정이 되어서 교감자격연수를 받게 되었을 때였다.

"선배님, 교감자격연수대상자로 선정되신 것을 축하합니다."

"고마워. 아직 안 될 줄 알았는데 운이 좀 좋았나 봐."

"무슨 운이에요, 그동안 열심히 하셨잖아요. 그런데 선배님은 언제 승진을 해야겠다고 생각하셨어요?"

잠시 생각에 잠겼다. 첫 발령을 받았던 시내 학교에서 근무하다가 농어촌학교로 옮기던 첫해였다. 열정을 가지고 수업 후에도 아이들과 이런저런 활동을 많이 했다. 그런데 주말에도 학교에 나와 아이들과 여러 체험활동을 하다 보면 가끔 교장 선생님과 마찰이 있곤 했다. 당시의 교장 선생님은 그런 나의 '튀는' 행동을 좋지 않은 시선으로 바라보았다. 열심히 해보려는 교사에게 격려와 지원은커녕, 안전사고 위험 등을 이유로 그런 활동을 하지 않기를 바라는 눈치였다. 또 교사 협의를 통해 선생님들의 의견을 모아 계획을 추진하려 해도, 교장 선생님께서 반대 의견을 내면 결국엔 교장 선생님의 의견대로 추진되는 일이 많았다.

이런 일들을 보면서 교직사회의 변화를 아래로부터 일으키기는 힘들다는 생각을 했다. 그리고 차라리 빨리 승진해서 변화를 이끄는 것이 낫겠다고 생각하여, 승진에 대해 관심을 갖기 시작했다. 하지만 곧 교감자격연수를 받고 소위 '관리자'가 되려는 지금, 여러 가지 생각이 든다.

'꼭 승진을 해야 하나? 아이들을 가르치는 일이 좋아서 교사가 되려고 했지, 교장이나 교감이 되려고 교사가 된 것은 아니었잖아.'

이런 생각에 교감으로 승진하는 것이 마냥 기쁘지만은 않았다.

회사가 됐든, 군대가 됐든, 학교가 됐든 자신이 속해 있는 조직에서 승진을 한다는 것은 좋은 일이다. 일반적으로 회사에서 승진했다고 하면 열심히 일한 결과일 것이므로, 사람들에게 축하받을 일임에 틀림없다. 하지만 축하하는 문화가 있는 반면, 좋지 않은 시선으로 보는 시각도 있다. 특히나 학교에서 젊은 교사가 승진하면 곱지 않은 시선을 받기 쉽다.

교직처럼 연공서열이나 경력이 영향을 주는 곳도 별로 없다. 많은 교사들이 같은 지역에 있는 교육대학교를 졸업하고 교사가 되므로, 현장에서도 거의 모든 교사들이 서로 선후배 관계인 경우가 많다. 선후배가 아닌 교사를 찾는 것이 더 힘들 정도다. 이런 상황에서 후배가 먼저 승진하면 선배 입장에서 마냥 축하만 해주기 어려운 심정이 되기도 한다.

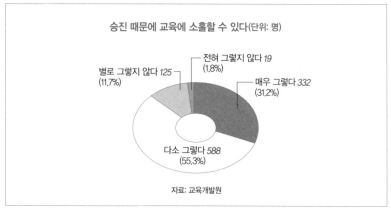

승진 때문에 교육에 소홀할 수 있다(단위: 명)

전혀 그렇지 않다 19
(1.8%)

별로 그렇지 않다 125
(11.7%)

매우 그렇다 332
(31.2%)

다소 그렇다 588
(55.3%)

자료: 교육개발원

출처: 한국교직원 신문

교사에게 승진은 양날의 검과 같다. 승진하는 것은 좋은 일이지만, 승진을 하기 위해서는 아이들의 교육에 소홀해질 수도 있기 때문이다. 한 조사에 따르면 승진 때문에 교육에 소홀해질 수 있다고 응답한 교사가 86%를 넘어섰다.

승진 때문에 교육이 소홀해진다면 승진제도에 문제점은 없는지 검토해야 할 것이다. 또 열심히 가르치는 교사가 우대받고 승진도 할 수 있는 제도를 마련해야 한다.

요즘에는 교사임용을 받은 지 얼마 되지 않은 신규 교사도 승진을 위해 점수 관리를 한다는 얘기가 낯설지 않다. 교장, 교감, 장학사, 장학관이 되어야 능력 있는 사람이고, 나이가 들어 정년퇴임할 때까지 교실에서 아이들을 가르치는 교사는 그저 그런 교사로 취급되는 현실이 안타깝다.

사회적 지위가 곧 그 사람을 말해주는 현실에서, 묵묵히 교단을 지키는 교사는 무능한 사람인가? 그렇다면 무능한 사람이 아이들을 가르치고, 유능해서 승진한 사람은 아이들을 가르치지 않는 것인가? 지위가 높다고 해서 능력이 있는 것도 아니고, 교직생활이 행복한 것도 아니다.

학교에서는 교장, 교감도 교육자로서의 역할을 다하고 있지만, 아이들의 작은 숨소리까지 듣고 표정과 몸짓만 봐도 아이들의 마음을 알 수 있는 사람은 역시 교실 안의 교사다. 아이들과 가까운 곳에서 함께하고 거기에서 보람을 느끼는 교사야말로 진정 교육자다운 교육자가 아닐까? 승진 준비 때문에 아이들의 교육에 소홀해진다면 승진하지 않느니만 못하다. 교육에 소홀하면서까지 승진할 필요는 없다.

대부분의 교사는 승진한 사람을 부러워하면서도, 승진한 사람을 존경하지는 않는다.

교육공무원 승진 가산점 평점 기준표 [2019년 2월 현재]

구분	내용		배점	
경력 평점	기본경력 15년		64	70
	초과경력 5년		6	
연수성적 평점	교육성적	자격연수	9	30
		직무연수	18	
	연구 실적		3	
근무성적 평점	교장		40	100
	교감		20	
	다면평가(동료 교사)		40	
경력+연수성적+근무성적 합계				200
가산점	공통 가산점 (교육부)	연구학교	1	13.5
		해외기관파견	0.5	
		직무연수	1	
		학교폭력유공	1	
	선택 가산점(시·도 교육청)		10	

* 교사의 승진체계를 알아보면 위와 같다. 기본경력 15년과 초과경력 5년 등 경력이 승진을 많이 좌우하는데, 최소 20년 가까이 교직에 있어야 승진할 수 있음을 알 수 있다.

힘든 시간을 사랑하자

"당신은 왜 사나요?"

이런 질문을 받는다면 어떻게 대답할 것인가? 아마도 살아가야 할 이유가 있어서, 또는 행복해지기 위해서라고 대답할 것이다. 그렇다면 꼭 행복해야만 되는 걸까? 힘든 삶은 의미가 없는 것일까? 언젠가부터 우리는 행복해야만 한다는 강박에 사로잡혀 있는 것 같다.

교사로서의 삶을 살다 보면 유독 힘든 시기가 있다. 까다로운 학부모를 만나기도 하고, 자기가 맡은 반에 문제아라고 불리는 아이들이 한꺼번에 몰려 있는 경우도 있다. 그러면 '하필 나에게 이런 일이?'라는 물음도 생기게 된다. 하지만 그럴 때는 거꾸로 '나에게 이런 일이 일어나지 말라는 법이라도 있나?' 하고 생각하면 된다. 시련과 역경은 배움을 위한 기회이자 또 다른 선물이다.

배우 박신양은 인생에서 가장 힘들었던 시절이 러시아 유학 시절이었다고 말한 적이 있다. 그는 러시아 선생님에게 "선생님, 저는 왜 이렇게 힘든가요?"라고 질문했다고 한다. 그러자 그 선생님은 답변 대신 러시아 시집을 주었는데, 그 내용은 "당신의 인생이 왜 힘들지 않아야 된다고 생각합니까?"였다고 한다.

우리는 인생은 행복해야 한다고 생각하고, 힘들지 않은 인생이 행복하다고 착각한다. 그러나 배우 박신양은 유학 시절의 경험을 통해 힘든 시간을 사랑하지 않으면 자신의 인생을 사랑하지 않는 것이라는 사실을 깨달았다고 말한다.

"즐거울 때보다 힘든 시간이 많은 것이 인생이다. 그래서 힘든 시간을 사랑할 줄 알아야 내 인생을 사랑하는 것이다. 힘든 시간을 사랑하는 방법을 배워야 한다."

— 배우 박신양

IBM을 설립한 토머스 왓슨은 "실패의 반대편에는 성공이 있다."라고 했다. 실패를 성장과 발견을 위한 기회라고 여길 때 두려움으로부터 벗어날 수 있다. 문제는 실패하는 데 있는 것이 아니라, 실패가 두려워서 도전조차 하지 않는 것 아닐까?

실패를 이겨냈을 때 자신감이 생긴다. 지금까지 우리의 교육은 실패를 극복하는 방법보다는 실패하지 않는 방법을 가르쳐왔다. 실패는 곧 뒤처지는 것이라고 생각했기 때문이다. 하지만 실패는 성공을 위한 밑거름이다. 실패와 그것을 이겨내려는 힘든 과정이 있어야 행복의 달콤함을 맛볼 수 있다.

교사라면 누구나 아이들을 잘 가르치고자 하는 열망을 가지고 있다. 그러나 열망(Passion)의 어원은 아픔(Passio)이라고 한다. 어떤 일이든 열망에는 아픔이 따르게 된다. 아이들은 공부를 잘하길 원한다. 그렇지만 배움에도 아픔과 고통이 따른다. 『탈무드』에서는 배움의 고통을 참지 못하면 무식함의 고통을 겪게 된다고 했다.

많은 교사들이 아이들이 즐겁게 공부할 수 있도록 노력한다. 하지만 배움이 언제나 즐거운 일만은 아니며, 노력과 고생을 통해 얻어지는 것이라는 사실을 아이들도 알아야 한다. 힘든 시간을 이겨내야 진정한 배움의 즐거움을 찾을 수 있다.

교사로서의 삶에도 힘든 과정이 있다. 학교폭력, 학부모의 민원, 아이들 사이의 갈등 등 힘든 일은 언제 어디서든 일어날 수 있다. 그러나 가르친다는 것, 배운다는 것, 알아간다는 것은 노력과 고생이 필요한 일이다. 그 힘든 시간을 회피하지 말고 부딪혀서 이겨내야 진정한 가르침의 즐거움을 알게 된다.

『아프니까 청춘이다』의 저자 김난도는 시련이야말로 인간을 강하게 만드는 것이기 때문에, 시련은 인간이 가질 수 있는 가장 큰 축복이라고 했다.

교직생활에서 힘든 시간들을 나중에 되돌아보면 하나의 에피소드가 되기도 한다. 에피소드는 많을수록 좋다. 에피소드가 많은 교사는 교직생활과 아이들 교육에 대해 할 말이 많다. 선배 교사가 되었을 때 후배 교사들에게 자신의 경험을 말해줄 수 있는 다리 역할을 해주는 것도 갖가지 에피소드다. 그렇기 때문에 힘든 시간이 자신에게 찾아왔다고 해서 지나치게 괴로워하지 않도록 노력하자.

한편 이전에 더 많은 힘든 시간을 겪은 교사는 아이들의 문제행동에 대해 그다지 힘들게 느끼지 않기도 한다. 아주 힘든 아이를 만났거나 고약한 학부모를 만났던 경험이 있는 교사는 웬만한 아이와 학부모에 대해서는 힘들다고 생각하지 않는다. 지난 경험을 통해 어느 정도 힘든 일은 웃어넘길 수 있는 있는 여유가 생겼기 때문이다.

처음부터 한 번에 좋은 교사가 될 수는 없다. 힘든 시간을 겪고, 또 그런 시간들을 사랑해야 좋은 교사가 될 수 있다.

불행을 행복으로

일본의 세계적인 기업 파나소닉의 창업자인 마쓰시다 고노스케는 '기업 경영의 신'으로 불리는 일본의 기업인이다. 그는 어린 시절, 아버지의 파산으로 초등학교를 중퇴하고 자전거 점포의 점원으로 일을 시작했다.

현재는 일본 굴지의 그룹 총수가 된 마쓰시다 고노스케에게 한 직원이 물었다.

"회장님은 어떻게 이처럼 큰 성공을 했습니까?"

마쓰시다 회장은 하늘이 자신에게 세 가지 큰 은혜를 주었다고 말했다.

"가난한 것, 허약한 것, 못 배운 것 때문이었습니다."

"그것은 모두 불행한 것 아닙니까?"

"가난했기에 부지런히 일했고, 허약했기 때문에 건강에 특별히 신경을 썼으며, 초등학교 4학년밖에 다니지 못했기 때문에 누구에게서라도 항상 배우려고 노력했습니다."

때론 자신이 가지고 있는 약점과 불행은 자신의 삶을 더욱 강하게 해준다. 힘든 시간은 나를 강하게 만들고 성공으로 이끈다.

— 『교육과 사색』, 2018년 8월호, 「교육타임즈」 중에서

2부

알면 도움이 되는 학교 업무 테크닉

학교 업무에도 우선순위가 있다

교사가 하는 일 중에서 가장 중요한 일은 뭘까? 아마도 모든 사람이 한결같이 '학생들을 가르치고 지도하는 일'이라고 대답할 것이다. 당연한 얘기지만, 몇 년 전만 해도 그 당연한 일이 당연하지 않았던 경우가 있었다. 교육청에서 급한 공문이 오면 수업 중에도 교실로 전화를 걸어 공문부터 빨리 처리하라고 재촉하는 교장이나 교감도 적지 않았다. 지금은 수업권 침해를 이야기하며 수업 후에 처리하겠다고 말할 수도 있고, 관리자들도 수업 중에는 여간해서 전화나 쪽지를 보내지 않지만 예전에는 그렇지 않았다.

많은 사람들이 교사는 학교에서 학생을 가르치는 일만 한다고 생각한다. 하지만 은행에서 창구 업무 이외에도 하는 일이 많은 것처럼, 교사들도 수업을 마친 후에도 각종 공문 처리, 학부모와의 상담, 학생 상담, 수업 준비, 연수 강의 듣기, 출장 등 해야 할 일이 많다.

교사가 수업을 위해 준비하는 모습을 매번 관리자가 보기는 어렵다. 하지만 공문 작성은 매번 결재를 받아야 하기 때문에 관리자의 확인이 필요하다. 그렇기 때문에 수업을 준비하는 일과 급한 공문을 처리해야 하는 일이 동시에 발생하면 수업 준비보다는 급한 공문을 먼저 처리하게 되는 경우가 있다. 수업 준비가 다소 미흡해도 수업을 할 수 없는 것은 아니지만, 발송 공문이 늦어지면 자칫 일처리를 못하는 무능한 교사로 보일 수도 있기 때문이다. 그런 이유로 수업이 우선이라고 생각하면서도 공문부터 처리하는 경우가 생기는 것이다. 수업과 공문 처리모두 교사가 해야 할 중요하면서 급한 업무이다.

이처럼 교사는 어떤 일을 할 때 중요한 일과 급한 일을 구분해서 생각해볼 필요가 있다.

『성공하는 사람들의 7가지 습관』의 저자 스티븐 코비는 사람이 하는 일의 형태를 네 가지로 구분했다.

1. 중요하고 급한 일(위기)

2. 중요하지만 급하지 않은 일(준비)

3. 중요하지 않고 급한 일(방해)

4. 중요하지도 않고 급하지 않은 일(낭비)

교사가 하는 일도 이처럼 크게 네 가지로 나눠볼 수 있다.

	급한 일	급하지 않은 일
중요한 일	❶ 수업 준비, 공문 처리, 학교폭력 대처 등	❷ 수업연구, 자기계발, 학생 및 학부모 상담, 연수, 독서 등
중요하지 않은 일	❸ 사소한 학생 다툼 조정, 친목회 업무 등	❹ 동료 교사와의 잡담, 인터넷 서핑 등

중요한 일과 급한 일을 어떻게 구분할까? 중요한 일은 결과를 돌이키기가 힘든 일이고, 급한 일은 타이밍이 필요한 일이다.

❶ 중요하고 급한 일

교사가 하는 일 중에서 대부분 가장 먼저 선택하는 일이다. 만일 이일을 소홀히 하면 위기에 봉착하게 된다. 수업은 교사에게 생명과도 같은 일이기 때문에 수업을 준비한다든지, 당일 발송해야 하는 공문 처리와 같은 일이 중요하고 급한 일이다.

❷ 중요하지만 급하지 않은 일

자기계발을 위해 계획하고 처리할 수 있는 영역이다. 흔히 눈앞에 당면한 급한 일 때문에, 중요하지만 급하지 않은 일을 소홀히 하는 경우도 많다. 이런 일들은 당장 하지 않아도 크게 문제가 될 것 같지 않아서 등한시하기 쉽지만 문제점을 예방하는 일, 대인관계 형성과 장래를 계획하는 일, 건강을 위해 운동을 하는 일 등 성공을 위한 밑거름이 되는 일들이 여기에 포함된다. 성공하는 사람들은 이 영역에 많은 시간을 할애한다.

❸ 중요하지 않고 급한 일

학교에서 바쁘기는 엄청 바쁜데 특별히 이룬 성과도 없다는 느낌을 받을 때가 있다. 당일 친목회 업무를 추진해야 하는 일, 갑자기 일어난 아이들 사이의 사소한 다툼 등은 정작 중요한 일을 하는 데 있어 방해가 되는 일들이다.

❹ 중요하지도 않고 급하지도 않은 일

교사는 학교에서 여러 가지 이유로 스트레스를 받고 지치게 된다. 이렇게 쌓인 스트레스와 피로를 풀기 위해 중요하지도 않고 급하지도 않은 동료 교사와의 잡담 등으로 시간을 보내기도 한다. 이 영역의 일은 모든 사람들이 좋아하는 일들이라서 쉽고 재밌게 즐길 수 있는 것이다. 보통 자신의 업무에서 일을 잘 처리하지 못하는 사람들은 이 부분에 긴 시간을 할애하는 경우가 많다. 여기에 시간을 많이 쏟으면 시간이 낭비될 수도 있지만, 스트레스 해소에는 도움이 된다.

학교에서 지내는 시간은 한정되어 있다. 그 시간 안에서 교사는 아이들을 가르치는 본연의 일 이외에 각종 업무 처리, 생활지도 및 상담, 협의회, 환경정리, 연수, 친목활동 등 여러 가지 일을 해야 한다. 따라서 우선순위를 두고 시간을 잘 관리해야 일의 효율성을 높일 수 있다.

보통은 계획을 치밀하게 세우고 그것을 실천하면 시간 관리를 잘한다고 생각한다. 하지만 더 우선해야 할 것은 '왜, 무엇을 위해' 계획을 세우는지 목적이 뚜렷해야 한다는 것이다. 또 상황에 맞게 우선순위를 달리하는 것도 필요하다. 예를 들어 교사가 학교생활에 지쳐 있거나 몸이 아플 때는 휴식을 취하는 것이 가장 우선되어야 할 일이다.

　　일을 하고자 하는 사람은 방법을 찾지만, 하고 싶지 않은 사람은 구실을 찾는다고 했다. 학교에서 업무 처리를 제때 하지 못하는 교사는 여러 가지 이유를 든다. 그렇지만 꼭 처리해야 하는 일은 해야만 한다. 시간은 한정되어 있는데, 결국 교사가 그 시간을 효율적으로 사용하느냐 그렇지 못하느냐의 문제이다.

　　일에 우선순위를 둔다는 것은 다른 일을 미루거나 포기하기도 해야 한다는 것이다. 한정된 시간에 모든 것을 다 해결할 수 없고, 다 잘할 수도 없다. 우선순위에서 벗어나는 일은 포기할 줄도 알아야 일이 원활하게 처리되고, 쫓기지 않는다. 우선순위를 잘 정해서 업무의 균형을 이룰 수 있어야 교직에 대한 만족도도 높아진다.

일의 우선순위

우선순위와 2차 순위를 결정할 때 가장 중요한 것은 이성적인 분석이 아니라 용기다. 분석(analysis)이 아니라 용기(courage)가 우선순위 결정에 있어 진정 중요한 몇 가지 법칙을 결정한다.

1. 과거가 아니라 미래를 판단 기준으로 선택하라.
2. 문제가 아니라 기회에 초점을 맞춰라.
3. 자신의 독자적인 방향을 선택하라. 인기를 누리고 있는 것에 편승하지 마라.
4. 무난하고 달성하기 쉬운 목표가 아니라, 뚜렷한 차이를 낼 수 있는 좀 더 높은 목표를 노려라.

– 피터 드러커, 『피터 드러커의 자기경영노트』, 한국경제신문, 2003, 144쪽

공문서 작성이 업무능력을 보여준다

교사의 업무와 그에 따른 업무 능력은 다양하다. 물론 가장 우선시 되어야 할 것은 교수 능력이다. 하지만 행정 업무도 교사의 일이다. 교사가 행정 업무의 부담에서 벗어나 아이들 교육에만 전념할 수 있도록 점차 환경이 조성되어야 하는 것이 맞지만, 아직까지는 교사가 각종 업무 계획 등 공문서를 작성하는 것도 소홀히 할 수 없는 것이 현실이다. 따라서 정확한 공문서 작성은 교사의 업무능력을 보여준다. 어차피 해야 한다면 제대로 작성하여 업무 처리 능력을 인정받는 것도 필요하다고 생각한다.

2017년 11월부터 업무관리 시스템의 기안문 작성 요령이 변경되었다. 공문서를 작성할 때 불필요한 여백 발생 문제 등을 개선하고자 각급 학교에 공문서 작성 방법 개선, 시행에 관한 공문 내용이 전달되었다.

기안이라 함은 행정기관의 의사를 결정하기 위하여 문안을 작성하는 것을 말한다. 기안은 주로 상급자의 지시사항이나 접수한 문서를 처리하기 위하여 행하여지나 법령·훈령·예규 등을 근거로 하거나 또는 순수한 자기발안(自己發案)으로 이루어지기도 한다.

문서의 기안은 전자문서로 하는 것을 원칙으로 한다. 다만, 업무의 성질상 전자문서로 기안하기 곤란하거나 그 밖의 특별한 사정이 있으면 종이문서로 기안할 수 있다.(행정 효율과 협업 촉진에 관한 규정 시행규칙 제8조 제1항)

— 행정안전부, 『2016행정업무운영 편람』, 56∼57쪽.

기안문 작성 요령에 맞는 올바른 기안은 교사의 업무능력과 직결된다. 교사의 주 업무가 아이들을 가르치는 수업임은 틀림없는 사실이지만 올바른 공문 작성도 교사의 중요한 업무다.

올바른 문서 작성은 정확한 의사소통을 위해 필요할 뿐만 아니라 문서 자체의 품격을 높이고, 그 기관의 대외적인 권위와 신뢰도를 높여준다. 따라서 문서의 올바른 작성을 위하여 다음과 같은 사항에 유의할 필요가 있다.

□ 정확성(바른 글)

- 일반적으로 육하원칙에 따라 작성하고 오·탈자나 계수 착오가 없도록 한다.
- 필요한 내용을 빠뜨리지 않고, 잘못된 표현이 없도록 문서를 작성한다.
- 의미 전달에 혼동을 일으키지 않도록 정확한 용어를 사용하고, 문법에 맞게 문장을 구성한다.
- 애매모호하거나 과장된 표현으로 사실이 왜곡되지 않도록 한다.

□ 용이성(쉬운 글)

- 상대방의 입장에서 이해하기 쉽게 작성하다.
- 문장은 가급적 짧게 끊어서 항목별로 표현한다.
- 복잡한 내용일 때는 먼저 결론을 내린 후 이유를 설명하는 것이 좋다.
- 추상적이고 일반적인 용어보다는 구체적이고 개별적인 용어를 쓴다.
- 읽기 쉽고 알기 쉬운 용어를 사용하고, 한자나 어려운 전문용어, 또는 일반화되지 않은 약어는 사용하지 않는다. 한자나 전문용어를 쓸 필요가 있을 때에는 (　)에 한자를 쓰거나 용어의 해설을 붙인다.

□ 성실성(호감 가는 글)

- 문서는 성의 있고 진실하게 작성한다.

- 상대방에게 불쾌감을 주거나 상대를 무시하는 듯한 표현은 피하고 적절한 경어를 사용한다.

- 감정적이고 위압적인 표현을 쓰지 않는다. 상급기관이 하급기관에 보내는 문서에 "…… 할 것.", "…… 하기 바람." 등과 같이 위압감을 주는 문구를 쓰게 되면 조직 상하 간의 관계를 경직시켜 원활한 의사소통에 지장을 초래할 수 있으므로 바람직하지 않다. 조직구조상 지휘·감독관계에 있다 하더라도 상호 간에 존중한다는 의미에서 "…… 하시기 바랍니다."와 같은 표현을 사용하는 것이 좋다.

□ 경제성(효율적으로 작성하는 글)

- 일상적이고 반복적인 업무는 표준 기안문을 활용한다.

- 용지의 규격·지질을 표준화한다. 규격이나 지질이 다르면 표준화된 경우에 비하여 많은 시간과 노력이 요구된다.

- 서식을 통일하여 규정된 서식을 사용하는 것이 경제적이다.

- 한눈에 내용을 파악할 수 있고 다루기 쉽게 1건은 1매로 하는 것이 효율적이다.

□ 공문서 작성요령 주요 변경 사항

- 본문의 첫째 항목은 띄어쓰기를 하지 않고 바로 시작한다.

- 둘째 항목부터는 오른쪽으로 두 칸씩 옮겨 시작한다.

- 항목기호와 그 항목의 내용 사이에는 한 칸을 띄운다.

- 하나의 항목만 있는 경우 항목기호를 쓰지 않는다.

공문서 작성 요령, 이것만은 알아두자!

❶ 본문 첫째 항목은 띄어쓰기 없이 바로 시작. 둘째 항목부터는 오른쪽으로 두 칸씩 이동하여 시작.

❷ 내용이 한줄 이상인 경우 첫 글자에 맞춰 정렬 (shift + tab). 항목 기호와 내용 사이에는 한 칸 띄우기.

❸ 쌍점은 왼쪽에 붙이고 항목 기호와 내용 사이에는 한 칸 띄우기. 기안의 근거를 밝히고 시작.

수신　　내부결재

(경유)

제목　　학부모 청렴교육 실시 계획

❶ ❸ 1.√관련:√○○○○교육청-708(2018.2.25.),　○○○○초등학교-2197(2018.3.14.)

2.√2018○○○○초등학교 부패방지 교육 운영 계획에 따라 학부모청렴교육을 아래와

❷ 같이 계획하여 실시하고자 합니다.

√√√가.√일시:√2018.03.20.(화) 15:00 ~ 16:00 ❻

√√√나.√장소:√본교 다목적실

√√√다.√내용

√√√√1) 학부모 청렴교육 및 부패방지 교육

√√√√2) 촌지수수 및 불법찬조금 근절 교육

❹ 붙임√√학부모청렴교육자료 1부.√√끝. ❺

---

❹ 본문이 끝난 다음 줄에 '붙임'을 쓰고 첨부물의 명칭과 수량 표시. '붙임'과 첨부물의 명칭 사이는 두 칸 띄움.

❺ 붙임 다음에 두 칸 띄우고 "끝" 표시. 마지막 글자가 오른쪽 한 계선에서 끝났을 경우 다음 줄 왼쪽에서 두 칸 띄우고 "끝" 표시.

❻ 연월일의 글자는 생략하고 온점으로 표시. 시각은 24시각제 숫자로 표기. 쌍점은 양쪽 띄어쓰기 하지 않음.

학교안전사고 대처법

학교는 아이들이 공부하며 뛰노는 공간이므로 언제나 각종 안전사고가 일어날 위험이 있다. 아무리 안전을 강조하고 주의를 기울여도 예기치 않은 사고가 종종 발생한다.

교직원 협의 시 학교장은 이렇게까지 말하면서 아이들의 안전에 만전을 기하라고 선생님들에게 당부한다.

"학교는 절대로 안전한 공간이어야 합니다. 아이들 교과수업이 다소 소홀해지더라도 안전교육은 확실히 하세요."

물론 수업을 소홀히 해서는 안 되겠지만, 그만큼 안전사고 예방에 항상 신경 쓰고 최선을 다하라는 뜻으로 알아들었다.

학교에서 안전사고가 발생하면 여간 곤욕스러운 것이 아니다. 게다가 아이들 관리 소홀로 민원까지 제기하는 학부모를 만나게 되면 교직에 대한 회의감마저 들게 된다.

'학교안전사고'란 교육활동 중에 발생한 사고로 학생·교직원 또는 교육활동참여자의 생명이나 신체에 피해를 주는 모든 사고 및 학교 급식 등 학교장의 관리·감독에 속하는 업무가 직접 원인이 되어 학생·교직원 또는 교육활동참여자에게 발생하는 질병으로서 대통령령이 정하는 것을 말한다.

또 위에서 말하는 교육활동이란 학교의 교육과정 또는 학교장의 교육계획·방침에 따라 학교 안팎에서 학교의 관리·감독 아래 이루어지는 다양한 활동과 등·하교 시간 및 학교장이 인정하는 각종 행사 또는 대회에 참여하는 활동 등을 모두 포함한다.

이러한 사고와 함께 통상적인 경로와 방법에 의해 등하교 시에 발생한 사고 등은 보상이 가능하다. 하지만 학교에서 발생한 사고라 하더라도 학교장의 요청이나 승인 없이 임의로 종례 후 1시간이 지난 뒤까지 학교에 머물다가 사고가 난 경우는 학교장 관리 감독하의 교육활동이 아니므로 보상이 어렵다.

한편 학교에서 발생되는 안전사고에 대해서는 '학교안전공제회'를 통해 공제 급여를 신청할 수 있다. 학교안전공제회는 학교 내에서 안전사고로 인해 인적 또는 물적 손해가 발생했을 경우 그로 인한 피해를 신속·정확하게 보상하여 학생은 학업에 충실하고, 교직원은 본연의 직무를 수행함으로써 안정적인 교육여건을 조성할 수 있도록 설립되었다.

학교에서 안전사고가 발생하게 되면 다음과 같은 절차에 따라 학교
안전공제회에 통지해야 한다.

학교안전사고 통지 절차

- 공제가입자(학교장)는 사고 발생 후 지체 없이(7일 이내) 공제급여관리시스템(www.
schoolsafe.or.kr)에 접속하여 사고 등록을 하고 공제회로 통보한다.

□ **사고통지서 작성 방법**
- 사고 내용을 상세하게 육하원칙에 의거하여 정확한 내용으로 작성한다.
- 필수 기재사항 : 언제, 어디서, 누가(누구와), 무엇을, 어떻게, 왜, 부상부위(좌/우), 부상
정도(진단명)

학교안전사고 사고통지 방법

□ 『학교안전법』 제44조 제2항(피공제자 등에 대한 공제급여금의 청구 등)
  – 공제가입자는 학교 안전사고가 발생한 때에는 이를 지체 없이 공제회에 통지하여야 한다.

□ 사고통지 및 공제급여청구 지급 절차

사고 통지	공제급여 청구	심사 · 지급
□학교장(원장) – 사고 발생 후 지체 없이 (7일) – 공제급여관리시스템 (www.schoolsafe.or.kr 접속 아이디 찾기 → 비밀번호: 1234) – 사고 통지 – 사고내용 입력. – 통보버튼 클릭.	□학교장(원장) 또는 학부모 ○공제급여청구 클릭. ○사고목록 청구서 작성. ○구비(청구)서류 ○공제급여 청구서 (인쇄하여 직인 날인 후 첨부) – 진료비계산서 · 영수증 원본 – 청구인 통장 사본 – 진단서(50만 원 이상) – 주민등록등본(〃)	□학교안전공제회 ○14일 내 지급. (14일 연장 가능) ○서류보완 시 연장 가능. □공제급여 결정에 불복할 경우, 학교안전공제보상 심사위원회 심사청구 가능. (90일 이내)

□ 학교안전공제회 공제 급여 청구 시 구비서류
  ① ★공제급여청구서(공제급여관리시스템에서 작성하여 출력 후 학교장 직인 날인)
  ② ★진료비(약제비) 계산서 · 영수증 원본 (카드매출전표, 현금영수증 인정X)
  ③ ★청구인 통장사본
  ④ 진료비 세부내역서(입원 또는 비급여진료비가 발생한 경우)
  ⑤ 진단서(*치아 치료 시 필수 또는 진료비 50만원 이상 발생 시)
  ⑥ 주민등록등본 또는 가족관계증명서(진료비 50만원 이상 발생 시)

학교안전사고 발생 신고서

일반사항	학교명	○○○○초등학교				
	사고번호	2017-○○○○		보고일자	2017-00.00.	
	사고자	성명	생년월일	성별	학년반	사고자구분
		○○○	○○.○○.○○	남		일반학생
	지도교사	○○○	작성자	○○○	연락처	○○○-○○○○

사고관련자	성명	학년반	사고관련자구분

사고개요	사고일자	2107-00.00.	사고부위	쇄골
	사고사건	점심시간	사고당시활동	장난, 놀이
	사고장소	운동장	사고의도성	자기자신
	사고형태	떨어짐-콘크리트		
	사고	기타		

사고경위	점심시간에 운동장에서 야외 활동 중 잠시 쉬기 위하여 그늘(등나무 밑)로 이동. 등나무 밑에서 휴식 중 등나무 줄기를 잡고 매달려 있다가 떨어져 바닥에 허리와 쇄골 및 머리를 부딪힘.

지도 내용 및 안전교육내용	점심시간에 야외 활동시 높은 곳에 오르지 않기. 위험한 물체 가지고 장난하지 않기 등 야외활동 안전사고 예방교육을 실시함.

사고발생 후 긴급 조치 내용	사고발생 직후, 현장에서 보건 교사의 응급치료(몸통 부분 압박 붕대)를 받음. 학부모님과 연락하며 병원으로 이동하여 진료 받도록 함. 진단 결과 뇌출혈 및 골절은 없으나 학생의 쇄골 쪽 지속적 통증 호소로 인하여 당분간 경과 관찰 및 치료가 필요함.

기타사항	

담당자	교감	교장
(인)	(인)	(인)

학교안전공제회 – 학교안전사고 발생 신고서 작성 예시

학교안전사고의 구상금 소송 사례

사례 1 : 교실에서 친구에 떠밀려 넘어지면서 책상모서리에 부딪힌 사고
○ 사건 요지 : 새 학년이 시작하는 3월, ○○초등학교 1학년 학생이 쉬는 시간 후 교실로 들어가던 중, 뒤따라오는 가해 학생에게 떠밀려 넘어지면서 책상모서리에 얼굴을 부딪혀 치아 세 개가 파절되는 사고가 발생하자, 가해 학생이 가입한 00보험회사는 피해 학생에게 보험금을 지급한 후 지도교사가 조금만 주의를 기울였다면 사고가 발생하지 않았을 것이라며 이를 소홀히 한 과실이 있다면서 피고에게 구상금 청구 소송을 제기함.
○ 판결 결과 : 사고 당시 담임교사는 학생들에게 뛰지 않도록 앞문 복도에서 직접 지도하였고, 사고 발생 즉시 응급조치 후 학생을 병원으로 이송하여 적절히 대처하는 등 지도교사의 과실로 인하여 발생한 사고라고는 볼 수 없음을 인정한 소송 사례.

사례 2 : 복도에서 뛰어가다 모퉁이에서 마주 오던 학생과 부딪힌 사고
○ 사건요지 : 2016. ○○. ○○. ○○초등학교 1학년 학생이 점심시간에 뛰어가던 중 복도 모퉁이에서 마주 오던 학생과 서로 부딪혀 가해 학생의 머리가 피해 학생의 안면부를 충격하여 피해 학생의 치아가 파절되는 사고가 발생하자 ○○보험회사는 지도교사가 저학년 학생들이 뛰지 않도록 지도, 감독하여야 함에도 이를 소홀히 한 과실이 있다며 그 감독청이자 사용자인 피고에게 구상금 청구 소송을 제기함.
○ 판결 결과 : 이 사건은 담임교사가 1학년 학생들에게 수업 시간뿐만 아니라 쉬는 시간 및 급식 시간에도 수시로 사고예방을 위하여 학생지도를 하였으며, 평소에도 급식시간에 급식을 먼저 마친 학생들에게 교실로 이동할 때 뛰지 말고 걸어갈 것을 지도하였음에도 발생한 예기치 못한 사고로, 지도교사가 지도·감독 의무를 소홀히 하였다는 것을 인정하지 않은 소송 사례.

효과적인 학부모 상담을 위하여

　　많은 교사들은 아이들의 학습지도와 생활지도 못지않게 학부모와의 상담을 어렵게 생각한다. 학부모도 학교를 찾아오는 것이 어려운 일이겠지만 교사도 학부모와의 상담은 쉽지 않다. 특히 경력이 짧은 교사의 경우에는 그 부담스러움이 더하다.

　　교사라면 학부모와의 상담시간은 피할 수 없다. 학부모 상담의 목적은 아이의 전인적인 발달을 돕기 위한 것이다. 아이의 특성을 학부모와 서로 공유하면서 문제 발생 가능성에 대해 예방하는 것도 상담의 목적이다. 그렇다면 학부모와의 상담에 어떻게 임하는 것이 효과적일지 생각해보자.

　　많은 사람들 앞에서 강연을 하거나 내담자와 상담을 할 때 자신의 말을 잘 전달하기 위해서는 권위가 필요하다. 담배를 끊지 못하는 사람에게 그렇게 담배를 피우다가는 오래 못 산다고 주위에서 아무리 금연을 권해도 소용없는 경우가 많다. 하지만 의사가 지금 당장 금연하지 않으면 생명이 위험하다고 말하면 금세 금연에 성공하는 경우를 종종 보게 된다. 그만큼 의사의 전문성과 권위를 인정한다는 것이다.

교사는 교육에 대한 전문가이다. 교사도 전문가에 맞는 권위를 가지고 있어야 한다. 전문가의 권위는 해당 분야에 대한 지식과 정보를 많이 가지고 있을 때 인정받을 수 있다. 학부모와의 상담 시에도 교사는 교육 전문가로서의 권위를 가지고 임하는 것이 좋다. 지나치게 겸손하여 교사로서의 공신력(公信力)을 떨어뜨리는 경우도 있기 때문이다. 그렇다고 교사 자신에 대해 과대포장을 하라는 이야기는 아니다. 다만 학부모의 아이를 맡아 지도하는 입장에서 평균 이하의 선생님으로 여겨질 만큼 지나치게 자신을 낮출 필요는 없다는 것이다.

"학부모님, 반갑습니다. 올해 6학년 1반을 맡게 된 담임교사 ○○○입니다. 제가 교직 경력이 얼마 되지 않아 아직 모르는 것이 많은데, 학부모님들의 많은 조언과 격려 바랍니다. 제가 많이 부족하지만 아이들을 사랑으로 가르치겠습니다."

이렇게 얘기한다면 학부모는 '아, 우리 아이 선생님은 경력이 얼마 안 돼서 모르는 것이 많은가 보구나.' 하는 생각을 갖게 된다. 학부모에게 자신이 부족하다고 말하면 겸손해 보이는 것이 아니라 그저 부족해 보일 뿐이다. 학부모는 전문성 있고 능력 있는 교사가 아이를 맡아 지도해주길 바란다. 따라서 겸손보다는 교사에 대해 신뢰를 가질 수 있도록 해야 한다. 아이를 믿고 맡길 만큼 충분한 능력과 경험, 학생 지도에 대한 전문성을 갖고 있다는 것을 전달하는 것이 좋다. 그러므로 학기 초 담임의 자기소개는 단순히 담임으로서의 인사가 아니라 교사로서의 전문성을 보여주는 중요한 활동이다.

상담을 하다 보면 간혹 이런 경우가 있다.

"선생님은 나이가 어떻게 되시나요? 제 동생과 비슷한 나이 정도로 보이는데, 결혼 안 하셨죠?"

"선생님은 애를 안 키워봐서 잘 모르시겠지만……."

"선생님도 ○○여고 나오셨다면서요, 후배 같아 보이는데, 언제 졸업하셨죠?"

동생 같다거나 조카와 나이가 비슷한데 자신의 조카도 교사라는 등 이런저런 얘기를 하는 학부모도 있다. 또 교사가 학부모보다 어려 보인다든지 경력이 적어 보인다는 이유로 교사로서 존중해야 하는 선을 넘는 경우도 발생한다. 우리 사회는 나이에 따른 상하관계를 유독 중요시한다. 하지만 교사는 정규과정을 통해 국가에서 학생 교육을 담당할 인재로 자격을 부여받는 사람이다. 나이가 적거나 경력이 짧아도 교육 전문가로서 존중받을 충분한 자격을 갖고 있다. 학부모보다 나이가 어리다 할지라도, 학교교육의 전문가로서 당연히 부모의 존중을 받아야 한다.

예를 들어 습관처럼 반말을 섞어가며 이야기하는 학부모에게는 당당히 교사로서 존중할 것을 요구할 수 있다.

"저는 지금 학부모님과 승현이의 담임으로서 상담을 하고 있습니다. 비록 제가 나이가 어리지만 말씀하실 때 존중해주시면 좋겠습니다."

결코 쉽지 않은 말이지만 직접적으로 말하는 것이 교사와 아이, 교사와 학부모와의 관계를 더 좋게 하는 효과를 가져온다.

학부모와의 관계에서 가장 중요한 것은 아이의 담임으로서 신뢰감을 쌓는 것이다. 학부모의 신뢰는 교사의 나이와 경력에서 나오는 것이 아니다. 교사의 전문성에서 신뢰를 얻을 수 있다. 학부모보다 나이가 어리다고 위축되거나 수동적으로 대하면 신뢰감을 주기 어렵다.

학부모 상담은 보통은 교실에서 이뤄지는데, 이때도 염두에 두어야 할 것이 있다. 상담을 할 때는 학생 책상에 학부모와 교사가 함께 앉는 경우도 있고, 교사의 책상에서 학부모를 위한 의자만 놓고 하는 경우가 있다. 둘 다 장단점이 있으므로 학부모 성향에 따라 전략적으로 생각해 두는 것이 좋다.

"먼저, 학생 책상을 두고 상담하는 경우 학부모는 좀 더 편안한 마음을 갖게 되기 때문에 깊이 있는 얘기를 나눌 수 있다. 하지만 학부모에 따라 교사의 권위를 높일 필요가 있는 경우라면 교사의 책상에서 상담을 하는 것이 좋다. 교사의 책상에서의 상담은 교사를 좀 더 중심적이고 전문적인 인물로 부각시키는 효과가 있기 때문이다."

– 김혜숙 · 최동욱, 『교사를 위한 학부모상담 길잡이』, 학지사, 2013, 29쪽

아이에 대한 긍정적인 칭찬을 시작으로, 아이의 학교생활을 알 수 있도록 포트폴리오를 함께 제시하는 것도 좋다. 문제가 많은 아이라 할지라도 칭찬할 만한 부분을 찾아 자녀를 칭찬하는 말로 상담을 시작하면 학부모도 교사에 대해 긍정적으로 생각할 수밖에 없다. 교사가 자녀를 칭찬하고 긍정적으로 보는데 어느 학부모가 마음을 열지 않겠는가?

이처럼 아이의 긍정적인 면을 부각한 후 현재 아이가 가지고 있는 문제에 대해 상담을 하면 훨씬 수월하다. 물론 평상시에 학부모와 아이에 대한 정보를 자주 공유하는 것도 필요하다. 보통은 학교에서 아이가 잘못된 행동을 하거나 문제를 일으켰을 때에만 학부모에게 연락하는 경우가 많은데, 잘한 행동이나 칭찬받을 만한 일이 있을 때에도 연락한다면 신뢰를 쌓을 수 있다.

> "또, 아이가 좋아할 만한 일은 아이 모르게, 아이가 좋아하지 않더라도 도움이 될 만한 이야기는 아이 앞에서 조언하는 게 좋다."
>
> – 김혜숙 · 최동욱, 『교사를 위한 학부모상담 길잡이』, 학지사, 2013, 65쪽

예를 들어서, 아이가 학원을 다니는 것이 힘들어 보이니 학원을 줄여달라고 하는 등의, 아이가 들어서 좋아할 만한 얘기는 학부모와 단둘이 있을 때 하는 게 좋다. 아이가 들을 때 그런 이야기를 하게 되면, 아이는 부모에 대해서 '내가 학원 다니는 것이 힘들다고 말할 때는 대꾸도 안 하시더니, 선생님이 학원을 쉬는 것도 좋은 방법이라고 하니까

이제야 들어주시네.'라고 생각할 수 있다. 반면에, 함께 들은 내용을 학부모가 따르지 않는다면 아이가 부모에 대해 더욱 불만을 가지고 부정적으로 생각할 수도 있다. 아이가 듣지 않았다면 최소한 예전의 관계를 유지할 수 있지만, 교사가 학부모에게 하는 얘기를 아이가 들었는데도 부모가 받아들여주지 않으면 관계가 더욱 악화될 수 있기 때문이다.

반대로 아이가 들으면 좋아하지 않을 수 있지만 도움이 되는 말은 아이 앞에서 해야 한다. 예를 들어 PC방에 가는 시간을 줄이라든지, 부족한 부분에 대해서 학습을 더 해야 한다든지 하는 얘기는 아이와 학부모가 함께 있을 때 하는 것이 좋다. 부모가 자녀에게 좀 더 엄격하게 대하더라도 부모의 행동에 대해 교사의 말이 정당성을 더해주므로 학부모와 교사의 불필요한 갈등을 줄일 수 있기 때문이다.

학부모 상담에는 여러 가지 전략이 필요하다. 교사로서 학부모 상담이 쉽지는 않겠지만 교직생활 내내 피할 수 없는 과정이다. 모든 관계는 상호작용이며, 서로에게 영향을 주고받는 것이다. 전문적 상담자로서의 능력을 갖춰 좋은 관계를 만들고 유지해나가는 것도 교사로서 해야 할 일이다.

성공적인 학부모 상담을 위한 준비

1. 아동에게 진정한 관심이 있음을 평소에 지속적으로 전달하라.
2. 아동에 대해서 자주 알려주되, 긍정적 변화도 반드시 포함하라.
3. 평소에 아동에 대해 자잘한 것이라도 기록하고 모아두라.

– 김혜숙, 최동욱, 『교사를 위한 학부모상담 길잡이』, 학지사, 2013, 32~43쪽

학부모 신뢰, 아이의 장점을 파악하라

예전의 학부모들은 선생님에 대한 무한한 신뢰를 가지고 있었다. 예를 들어 학교에서 자녀가 선생님한테 혼나고 와서 그것을 이야기했다면, 학부모는 선생님에 대해 서운하게 생각하기보다 자녀를 먼저 꾸짖었다.

"네가 오죽 학교에서 행동을 잘못했으면 선생님이 그러셨겠니? 내일 당장 선생님께 잘못했다고 말씀드려!"

그래서 선생님한테 꾸중을 듣거나 체벌을 당해도 아이가 가정에 말하지 않는 경우도 많았다. 하지만 이제는 다르다. 교사에 대한 학부모의 신뢰도 많이 떨어진 상태이고, 혹여 내 자녀가 다른 아이에 비해 차별 대우를 받지 않을까 하는 걱정과 함께 교사의 작은 실수까지도 문제 삼는 경우가 많다.

이러한 사회 분위기 속에서 교사와 학부모 사이의 신뢰를 회복하는 방법은 무엇일까? 바로 '소통'이다. 문제의 해결책은 소통에서 찾을 수 있다.

옛 속담에 "콩으로 메주를 쑨다고 해도 믿지 못하겠다."라는 말이 있다. 눈앞에서 메주의 원료인 콩을 가지고 메주를 빚고 있어도 믿지 못한다는 것이다. 만약 교사와 학부모의 관계가 이러하다면 과연 제대로 교육이 이뤄질 수 있을까?

평상시에 학부모와 전화나 메시지를 주고받는 일이 쉽지는 않다. 특별한 일이 있는 것이 아니라면 더욱 그렇다. 하지만 아이들의 시험이 끝난 시기 등을 이용한다면 자연스럽게 학부모와 전화하거나 좀 더 수월하게 연락을 취할 수 있다.

아이에 대해 학부모와 상담할 때, 몇 가지 주의할 점이 있다. 필자가 경험한 바에 의하면 상당수의 내담자가 선생님의 말을 들으러 오기보다는 자신의 의견을 말하러 오는 경우가 많았다. 교사의 입장에서는 자주 만나기 어려운 학부모에게 자녀의 학교생활에 대해 자세한 정보를 제공하고 싶은 마음이 크겠지만, 일단은 학부모의 말을 듣는 것이 중요하다.

"우리 아이는 집에서 통 책을 보려고 하지 않아요. 학교만 갔다 오면 가방을 집어 던져놓고, 나가서 놀려고만 해서 걱정이에요. 차분히 책을 읽을 수 있으면 좋겠는데, 학교에서도 그런가요?"

"우리 아이는 엄마 아빠를 대하는 태도가 공손하지 않아서 걱정이에요. 혹시 학교에서 선생님한테도 그러는지 궁금해요."

이렇게 학부모가 자기 자녀의 단점을 먼저 말하는 경우도 있다. 이럴 때, 교사의 대응이 중요하다. 설령 아이가 학교에서 생활 태도가 좋지 못하다 하더라도 학부모의 이야기를 곧이곧대로 듣고 직설적으로 말한다면 오히려 학부모와의 관계를 망칠 수도 있다.

"예, 승현이가 평소에 학교에서 수업도 제대로 듣지 않고, 매일 장난만 쳐서 어려움이 있어요. 그렇지 않아도 부모님을 한번 뵙고 싶었는데 잘 찾아주셨네요. 승현이가 학교에서만 그런 줄 알았는데 집에서도 그렇군요."

이렇게 아이의 단점이나 부정적인 면에 대해 대화를 시작하면 학부모는 교사에 대해 좋은 감정을 갖지 않게 된다. 또 '선생님이 우리 아이를 미워하나?' 하는 생각을 가지게 될 수도 있다.

학부모에게 무조건 듣기 좋은 얘기만 하라는 말이 아니다. 아직 관계가 형성되지 않은 상태에서 자녀에 대해 좋지 않은 소리를 들으면 마음의 문을 닫을 수 있다는 말이다.

자녀를 키워본 선생님들은 알 것이다. 본인도 교사이지만 자녀의 선생님과 상담을 할 때는 왠지 불편함을 느끼게 된다. 그럴 때는 예의상 자녀의 단점을 부각하며 선생님의 노고에 대해 감사의 말을 전하기도 한다.

"천방지축 말썽꾸러기 우리 승현이를 가르치시느라 선생님께서 정말 고생이 많으시죠?"

이럴 때 오히려 자녀의 단점이라고 생각하는 부분을 장점으로 봐주고 긍정적으로 생각하는 선생님이 있다면 부모로서 마음이 놓일 수밖에 없다. 내 자녀에 대해 좋은 감정이 있다고 생각하여 선생님에 대한 신뢰가 생긴다.

"무슨 말씀이세요, 말썽꾸러기라니요? 승현이는 항상 밝고 활기차서 우리 반에 웃음이 가득해요. 유머도 풍부하고 운동도 잘해서 친구들에게 인기도 많아요. 엊그제는 아픈 친구를 위해 점심시간에 식판을 들어주기도 했는데, 참 따뜻한 마음을 가졌다는 걸 알게 됐어요. 전 승현이처럼 따뜻한 마음을 갖고 아이답게 친구들과 뛰놀며 재밌게 지내는 아이가 좋더라고요."

이렇게 자녀에 대한 좋은 감정을 가지고 있다는 것을 학부모가 알게 된다면 선생님에게 신뢰를 가지고 좋은 관계를 맺을 수 있다. 처음 학부모와 대면했거나 아직 관계를 형성하지 못했을 때는 자녀의 장점을 말하며 상담하는 것이 좋은 결과를 가져온다.

학부모는 자기 자녀를 통해서 먼저 선생님에 대한 감정을 형성하게 된다. 자녀가 우리 선생님은 아이들에게 잘 대해주고 재밌게 잘 가르쳐 준다고 말하면 학부모도 선생님에 대한 좋은 인상을 갖게 된다. 이렇듯 학부모와의 관계 이전에 학생과의 관계가 좋아야 된다는 것은 말할 필요도 없이 중요하다.

한편, 학부모에게 아이에 대해 모든 걸 다 말할 필요는 없다. 필자도 경험이 적었던 시절에는 이렇게 말한 적이 많았다.

"어머님께서 어렵게 학교에 찾아오셨으니 제가 승현이의 학교생활을 위해 솔직히 말씀드리는데, 너무 기분 나쁘게 듣지는 마세요."

이렇게 말하면서 자녀의 생활태도, 학습태도, 교우관계 등에서 좋지 않은 점을 나열했다. 그런데 학부모가 수긍을 하면서도 점점 기분이 상해간다는 것을 느낄 수 있었고, 아이에 대한 상담도 제대로 이루어지지 못했다.

아이에 대해 솔직하게 필요한 얘기를 하는데도 부모들이 거부감을 느끼는 이유는 뭘까?

학부모는 옳은 말을 하는 교사보다 자신의 아이를 이해해주고, 좋은 점을 찾아 장점을 말해주는 교사를 더 좋아한다. 따라서 학부모와 상담 시에는 솔직하게 말하는 것보다 먼저 신뢰와 호감을 얻는 것이 중요하다. 가장 효과적인 방법은 앞서 이야기했듯 아이의 장점을 찾아 이야기하는 것이다.

"승현이를 제가 참 좋아하는데요, 인사를 너무 예쁘게 잘해요. 항상 웃는 얼굴이 제 기분까지 좋게 만들어요."

"그래요? 아파트 엘리베이터에서도 인사를 잘해서 어른들한테 칭찬을 자주 받긴 하는데 학교에서도 그렇다니 다행이네요."

이렇게 상담을 시작하면 상담이 부드러워진다.

모든 학부모는 자기 자녀가 과연 학교생활을 잘 하고 있는지 걱정스러운 마음을 가지고 있기 때문에, 자녀를 이해해주고 장점을 알아주는 담임교사에게는 무조건적인 신뢰를 갖기 마련이다. 자신의 자녀를 좋아한다는 말을 듣고 기분 좋지 않을 학부모는 없다.

또한 상담 시에는 학부모의 입장을 생각하며 말하는 것이 좋다.

"직장생활을 하면서 아이들 키우시느라 무척 힘드시죠? 저도 아침마다 전쟁이네요."

"승현이 어머니의 기분을 이해합니다. 제가 어머니 입장이라도 똑같이 했을 겁니다."

이렇게 역지사지(易地思之)의 마음으로 아이와 학부모를 이해하려고 노력해야 한다.

평소에 아이의 장점을 눈여겨보고 기억해두면 학부모와 대화할 때 아이에 대한 얘기를 자연스럽게 이끌어갈 수 있고, 학부모의 신뢰도 얻을 수 있다.

자세히 보아야 예쁘다

사람은 태생적으로 생존의 본능 때문에 다른 사람의 장점보다는 단점을 더 빨리 알아차리도록 진화했다고 한다. 상대의 약점을 찾아야 상대를 이길 수 있고, 그렇게 함으로써 생존할 수 있었기 때문일 것이다. 심리학자들의 연구에 의하면 사람은 긍정적인 것보다 부정적인 것에 더 관심을 가지고 있기 때문에 뉴스나 신문기사의 내용에도 긍정적인 것보다 부정적인 것을 써서 눈길을 끄는 경우가 많다고 한다. 좋은 일은 잘 소문이 나지 않지만 좋지 않은 소문은 금방 퍼지는 것을 보면 그 말뜻을 알 수 있다.

그런 이유로 별다른 노력을 하지 않아도 상대의 단점은 쉽게 찾아낼 수 있지만, 장점을 찾기 위해서는 많은 노력이 필요하다.

교사는 아이들의 전인적인 성장을 돕는 조력자이다. 그렇기 때문에 아이들의 장점을 찾아서 발전할 수 있도록 도와야 하는데 아이들의 단점에만 주의를 기울이면 아이의 성장을 도울 수 없다.

"자세히 보아야 예쁘다. 오래 보아야 사랑스럽다. 너도 그렇다."라는 나태주 시인의 시처럼 아이들의 장점을 찾기 위해서는 자세히 살펴보아야 한다.

아이들은 누구나 교사가 자신에게 기대를 가지고 칭찬하면 그에 부응하려고 노력한다. 반대로 자꾸 단점을 말하고 아이에 대해 별로 기대하지 않는다면 아이는 열심히 노력하지 않게 되고 결론적으로 자존감도 낮아지는 등 부정적인 결과를 가져오게 된다.

급여명세서의 모든 것

예전부터 교사의 봉급은 박봉(薄俸)이라는 말을 많이 들어왔다. 대체 얼마나 적기에 이런 말이 나왔을까? 그리고 정말 교사의 급여는 박봉일까?

우리나라 국·공립학교 초임 교사의 연간 법정 급여가 OECD 평균보다 낮은 것은 분명한 사실이다. 2018년 9월 발표된 'OECD 교육지표 2018'에 따르면 2017년 기준 우리나라 국공립 초임 교사의 법정 급여는 초등학교 30,395달러, 중학교 30,455달러, 고등학교 29,738달러로 OECD 평균(초 32,258달러, 중 33,498달러, 고 34,943달러)보다 적었다.

하지만 경력이 쌓이면 상황은 달라진다. 15년차 교사의 연간 법정 급여는 초등학교 53,405달러, 중학교 53,465달러, 고등학교 52,747달러로 OECD 평균(초 45,004달러, 중 46,780달러, 고 48,697달러)보다 많았다. 결론

기준연도	구분	초등학교		중학교		고등학교	
		초임	15년차	초임	15년차	초임	15년차
2017	한국	30,395	53,405	30,455	53,465	29,738	52,747
	OECD 평균	32,258	45,004	33,498	46,780	34,943	48,697

'OECD 교육지표 2018' [2018. 9. 11. 교육부 발표]

적으로, OECD 국가들과 비교해도 우리나라 교사의 봉급이 그렇게 박봉은 아니라고 할 수 있다.

교사의 급여명세서를 자세히 본 적이 있는가? 급여명세서를 보면 여러 가지 항목에 각종 수당이 붙는 것을 볼 수 있다. 보통은 행정실에서 잘 처리했겠지, 하며 실수령액 정도만 확인하게 된다. 하지만 내 봉급이 어떻게 계산되어 나왔는지 관심을 가지고 급여명세서를 꼼꼼히 살펴볼 필요가 있다.

❶ 본봉: 봉급표는 매년 물가상승률, 임금상승률을 고려하여 개정된다. 2019년 개정된 공무원 보수규정의 봉급표는 다음 페이지의 표와 같다. 참고로 교대 또는 사대를 졸업한 경우 8호봉을 인정받아 9호봉으로 시작하게 되고, 남자는 군대 경력을 100% 인정받는다.

▣ 유치원, 초등학교, 중학교, 고등학교 교원 봉급표

〈개정 2019. 1. 8.〉 월 지급액, 단위: 원

호봉	봉급(단위:원)	호봉	봉급(단위:원)
1	1,605,200	21	3,059,300
2	1,653,800	22	3,172,200
3	1,703,100	23	3,284,300
4	1,752,200	24	3,396,400
5	1,801,800	25	3,508,600
6	1,851,300	26	3,621,200
7	1,900,100	27	3,738,600
8	1,948,900	28	3,855,800
9	1,998,400	29	3,978,300
10	2,052,500	30	,4,101,300
11	2,105,400	31	4,223,800
12	2,159,600	32	4,346,200
13	2,257,900	33	4,470,500
14	2,356,700	34	4,594,500
15	2,455,300	35	4,718,600
16	2,554,200	36	4,842,200
17	2,651,900	37	4,949,900
18	2,754,200	38	5,057,600
19	2,856,000	39	5,165,600
20	2,957,600	40	5,272,800

❷ 정근(精勤)수당: 공무원의 업무수행 노고에 대한 보상과 권장을
위해 지급되는 수당이다. 매월 1월과 7일 두 번 지급되는데 본봉
을 기준으로 매년 5%씩 상승한다. 2년차는 5%, 3년차는 10%, 10
년차는 최대 50%를 지급받는다.

근무연수	월 봉급액의 해당지급률	근무연수	월 봉급액의 해당지급률
1년미만	미지급	6년 이상 7년 미만	30%
1년 이상 2년 미만	5%	7년 이상 8년 미만	35%
2년 이상 3년 미만	10%	8년 이상 9년 미만	40%
3년 이상 4년 미만	15%	9년 이상 10년 미만	45%
4년 이상 5년 미만	20%	10년 이상	50%
5년 이상 6년 미만	25%		

❸ 정근수당가산금: 5년 이상 공무원에게 근무연수에 따라 지급
되는 수당이다.

근무연수	월지급액	추가가산금
5년 이상 10년 미만	50,000원	○근무연수가 20년 이상 25년 미만인 자에게는 월 10,000원 가산하여 지급. ○25년 이상인자에게는 월 30,000원 가산하여 지급.
10년 이상 15년 미만	60,000원	
15년 이상 20년 미만	80,000원	
20년 이상	100,000원	

❹ 정액급식비: 모든 공무원이 월 13만 원으로 같다.

❺ 교직수당: 각급학교에 근무하는 교원 월 25만 원 지급

❻ 교직수당가산금

- 교직수당 가산금1(원로교사수당): 30년이상 경력 55세 이상 교사 월 5만 원

- 교직수당 가산금2(보직교사수당): 보직교사 월 7만 원

- 교직수당 가산금3(특별교육수당): 특수학교, 특수학급 교사 3~7 만원

- 교직수상 가산금4(담임업무수당): 학급담임교사 월 13만 원

- 교직수당 가산금5(실과담당수당): 농,수,해운,공업계 학과 고등 학교 교장,교감 및 특정 교원 자격증을 가지고 해당 과목을 담 당하는 교원 월 2.5만~5만 원

- 교직수당 가산금6(보건교사수당): 보건교사 월 3만 원

- 교직수당 가산금7(병설유치원 겸임수당): 병설유치원 겸임 원장 10만 원, 원감 5만 원 지급

- 교직수당 가산금8(영양교사수당): 영양교사 월 3만원

❼ 가족수당: 배우자의 경우 월 4만 원, 기타 부양가족은 1인당 2만 원이다. 본인 및 배우자의 60세(여자인 경우 55세) 이상의 직계존 속, 본인 및 배우자의 20세 미만의 직계비속이 포함된다. 부양가 족신고가 늦었을 경우, 신고한 날로부터 3년까지 소급하여 지급 받을 수 있다.

❽ 시간외 수당(정액분): 15일 이상 정상출근(8시간)했을 때, 10시간 만큼의 시간외 수당을 지급한다. 예를 들어 2월의 경우, 근무일 수가 13일인 경우 정액분에서 2/15를 감액하여 지급한다.

❾ 시간외 수당(초과분): 일과시간 이외에 근무할 때 지급되는데, 평일의 경우 1시간 공제하고 휴일인 경우 모두 인정한다. 시간외 수당은 정액분과 초과분을 합하여 67시간까지 인정된다.

❿ 명절휴가비: 명절 휴가비는 설날, 추석이 포함된 달에 본봉의 60%가 지급된다.

⓫ 교육연구비: 5년 이상 월 6만 원, 5년 미만 월 7.5만 원

급여명세서

근여지급년월 2018년 07월 성명 OOO

[OOOO초등학교] [특정직 / 교사 / 12호봉 / 3년]   재직

공무원구분	행정부국가공무원	급여관리구분	호봉제	급여직종구분	국공립교원	최초임용일	2015.03.01
기관명	OOO초등학교	급여관리기관	OOOO교육지원청	직위	교사(초등)	현직급임용일	2015.03.01
보직구분	담임교사	담당과목		교원구분	교사(초등학급담임)	현직위임용일	2015.03.01

[세부내역]

급여내역		세금내역		공제내역	
본봉	2,116,400	소득세	63,880	일반기여금	257,640
정근수당	317,460	주민세	6,380	건강보험	86,110
정액급식비	130,000			노인장기요양보험	6,350
교직수당	250,000			교직원공제회비	30,000
교직수당(가산금4)	130,000				
시간외근무수당(정액분)	106,540				
교원연구비(유.초등5년미만)	75,000				
급여총액	3,125,400	세금총액	70,260	공제총액	380,100
실수령액				2,675,040	

위 급여명세서는 실제 2015년 3월 초임 발령을 받아 2018년 7월 현재 12호봉인 초등교사의 봉급표이다. 1월과 7월에 나오는 정근수당을 받았지만 실수령액은 많지 않다. (※공제내역 중 교직원공제회비는 교사마다 다를 수 있고, 교원단체에 가입한 경우 공제내역이 늘어날 수 있다.)

2019년 기준 교원 시간외 근무 수당(장학사, 교육연구사, 교사)

교감, 장학관, 교육연구관		13,850원
교사, 장학사, 교육연구사 (초등, 중등)	30호봉 이상	12,964원
	20~29호봉	12,076원
	19호봉 이하	10,872원

구분	1일 지급시간 계산
정규근무시간 이후 시간외 근무	▶ 1시간 미만 : 미지급 ▶ 1시간 이상 5시간 미만 : 1시간 공제한 후 4시간 이내에서 매 분 단위로 합산. ▶ 5시간 이상 : 4시간만 인정.
정규 근무시간 이전 1시간 이상 시간외 근무	1시간 이상 조기 출근한 시간외 근무에 한하여 당일 정규퇴근 시간 이후의 시간외 근무시간과 합산하여 1시간을 공제 후 매 분 단위까 지 합산.
휴무 토요일 및 휴일 근무	▶ 1시간 미만 : 미지급 ▶ 1시간 이상 4시간 미만 : 공제 없이 매 분 단위까지 합산. ▶ 4시간 이상 : 4시간만 인정.

교원의 시간외 근무는 1일 4시간, 월 57시간을 초과할 수 없다. 교원은 교감 이하 신청할 수 있다. 시간외 근무는 사전 신청하는 것을 원칙으로 하고 평일은 1시간을 공제한 후 분까지 합산하고 휴일 및 토요일은 시간 공제 없이 분 단위까지 합산하여 월간으로 계산하며 월간 계산 시 분 단위 이하는 제외한다. 만약 평일 시간외 근무를 2시간 신청했다가 1시간만 근무하고 퇴근하면 시간외 근무는 없는 것과 같다.

교원성과상여급, 교원능력개발평가의 두 얼굴

교직사회에 처음 교원성과상여급 제도가 들어왔을 때, 많은 교사들이 크게 반발했다. 교육의 성과는 단기간에 나타날 수 없고, 평가기준과 근거가 명확하지 않아 교사들 사이에 위화감만 조성된다는 이유로 많은 교사들이 반납투쟁에 참여하기도 했다. 이러한 이유로 알게 모르게 상당수의 학교가 모든 성과급을 합해서 n분의 1로 나눈 경우도 있었다고 들었다. 하지만 성과상여급 제도가 점점 자리를 잡아가고 교육청 공문을 통해 균등분배를 하지 못하게 되면서 나눠 먹기식 성과상여급 균등분배는 거의 사라진 상태다.

교사들은 교원성과상여급에 대한 어떤 생각을 가지고 있을까?

필자가 만나본 대부분의 교사들은 이 제도는 없어져야 할 제도라고 이야기하며, 교직사회에서 가장 먼저 없어져야 할 제도 중 1순위로 꼽기도 한다. 교원성과상여급 제도는 교사 간의 신뢰를 무너뜨리고 상대적 박탈감을 느끼게 만들기 때문이다. 교원단체에서도 한목소리로 교원성과상여급 제도 폐지를 위해 노력하고 있지만 아직까지 없애지 못하고 있다.

이 제도가 지니고 있는 문제점들로 인해 몇몇 학교에서는 교사들 간에 갈등이 빚어지기도 했다. 예전에는 선배 교사들의 경험에 대해 존경하고 배우려 했지만, 이제는 교원성과상여급 앞에서 모두가 경쟁 상대가 된 것이다.

현대의 자본주의 사회에서 자기가 맡은 일에 대해 성과를 내고 그 보상을 기대하는 것은 당연한 일이다. 하지만 교육에서 단기간에 성과를 논할 수 있을까?

우리는 흔히 '교육은 백년지대계(百年之大計)'라고 말하곤 한다. 교육적 효과가 나타나려면 많은 시간이 걸리므로, 서두르지 말고 길게 보라는 뜻이다. 그런데 학생을 가르치는 일에만 신경을 써도 모자라는 상황에서 동료평가를 근거로 차등으로 개인성과급을 지급하여 경쟁을 부추기는 것은 교육적 에너지를 낭비하게 만든다. 학교 나름대로 성과급 기준표를 만들어 합리적으로 투명하게 운영하고 있다고 하지만, 과연 투명하고 합리적인 성과급 기준이라는 것이 존재할 수 있는지 의문이다.

■ 경기도교육청 2013~2017 능력개발연수 대상자 성과상여금 등급 현황

연도	총 능력개발연수 대상 인원	등급별 인원
2013년	167명	S 23명, A 59명
2014년	71명	S 11명, A 24명
2015년	154명	S 35명, A 51명
2016년	106명	S 21명, A 28명
2017년	114명	S 26명, A 34명

자료: 노웅래 더불어민주당 의원실

2017년 10월 경기도교육청과 인천교육청에서 조사한 '2013~2017 능력개발연수 대상자 성과상여금 등급 현황'을 보면 교원능력개발평가에서 최하 점수를 받은 교사들 가운데 절반 정도는 성과급 상위권인 S~A등급을 받고 있는 것으로 나타났다. 성과상여금 순위를 정하는 업적평가 때문에 성과급 등급이 다르게 나타났기 때문이다. 이처럼 교사를 평가하는 제도가 명확하지 않아, 성과상여금은 시행 초기부터 지금까지 여전히 많은 논란을 불러오고 있다.

S등급을 받은 교사라고 해서 무조건 우수교사도 아니고, 교육적 성과를 많이 낸 것도 아니라는 것은 교직에 있는 사람이라면 누구나 안다. 마찬가지로 B등급을 받은 교사가 무능한 교사가 아니라는 것도 누구나 안다. 아이들에게는 줄 세우기를 하지 말라고 말하면서 교사들에게는 줄을 세우는 것이나 다름없는 제도가 아닐 수 없다.

교육의 성과는 단기간이 아니라 오랜 시간에 걸쳐 나타나는 특성을

갖고 있다. 따라서 교직에 걸맞은 성과급 제도의 안착을 위해 누구나 납득할 수 있는 제도를 마련하는 것이 시급하다.

　학급성과급 제도가 시행되던 얼마 전까지는 학교마다 높은 등급을 받기 위해 다른 학교와의 성과 경쟁이 심했다. 교육청의 학교성과기준 표에 맞춰 하지 않아도 될 일들을 만들어내는 일도 발생했다. 교육을 잘하는 학교에 인센티브를 주고자 하는 취지였지만, 오히려 학교성과 기준에 맞게 업무를 처리하다가 교육이 소홀해지는 문제가 발생한 것이다. 다행히 2016년부터 학교성과급 제도는 전면 폐지되어 불필요한 학교 간 성과 경쟁은 없어졌다.

　학교는 당장의 성과를 내는 곳이 아니다. 학교 간 과도한 성과 경쟁이 교육에 도움이 되지 못했기 때문에 학교성과급 제도가 폐지되었다면, 같은 이유로 교원성과상여급 제도 역시 사라져야 하지 않을까?

개정된 교원업적평가

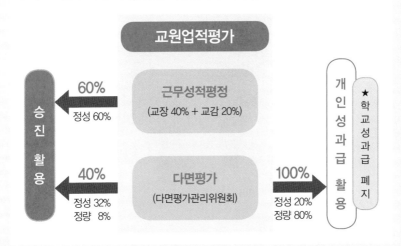

※ 교원업적평가 중 승진에 활용되는
   근무성적평정 : 다면평가 반영 비율 = 60 : 40

※ 다면평가 합산 비율
   (승진) 정성평가 : 정량평가 = 32 : 8
   (개인성과급) 정성평가 : 정량평가 = 20 : 80

* 교장, 교감의 평가는 교원의 근무성적만을 정성평가하여 승진점수에만 활용한다.
   개인성과급은 다면평가관리위원회 다면평가 결과에 의해 100% 결정된다.

독서지도, 이제는 함께 읽기로

2018년 1월 발표한 '2017년 국민 독서 실태 조사'에 따르면, 우리나라 성인 중 39.1%는 연간 한 권의 책도 읽지 않는다고 한다. 10명 중 4명에 가까운 수치다. 물론 사는 것이 바빠서 책 읽을 시간이 없다고 할수도 있겠지만 학생들에 비해 독서량이 현저히 적은 것은 사실이다.

가끔 학부모 상담을 하다 보면 학부모에게서 이런 말을 듣는다.

"우리 아이가 통 책을 읽지 않아요. 스마트폰만 가지고 놀려고 하는데, 책 읽기를 좋아하게 만드는 방법이 없을까요?"

그러면 나는 이렇게 반문한다.

"어머니(아버지)께서는 책 읽는 걸 좋아하세요?"

"……예?"

이런 질문을 받은 학부모 대부분은 당황하는 표정을 짓는다. 아이들에게만 책을 읽으라고 하고, 부모 자신은 텔레비전 드라마를 보거나 스마트폰에 빠져 있다면 자녀에게 독서하는 모습을 기대하기는 어렵다. 부모부터 스스로 독서에 흥미를 가지고 책 읽는 모습을 보여야, 아이들도 보고 배우게 되는 것이다.

선생님도 마찬가지다. 아이들에게 독서습관을 길러주려면 교사 자신부터 독서를 해야 한다. 가르치는 일 이외에도 여러 잡무로 바쁜 일상이지만 틈틈이 독서를 해야 한다. 교사 자신이 책을 읽지 않고 반 아이들에게 독서를 강요해서는 독서습관을 갖도록 할 수 없다.

나는 아이들에게 '10분 독서'를 실천하도록 권장한다. 10분이라는 시간은 결코 짧은 시간이 아니다. 책 한 권을 뚝딱 읽어버리는 아이도 있다. '10분 독서' 시간을 정해 그때만큼은 학생과 교사 모두 다른 일을 멈추고 독서에 몰두한다면 학생들의 독서습관 형성에 커다란 영향을 주게 된다.

내가 보았던 교장 선생님 중에 아침 독서를 유독 강조한 분이 있었다. 그 교장 선생님은 매일 교실을 돌면서 아침 독서 실태를 점검하고 매월 '이달의 독서 우수반'을 시상하여 우수학급에 상품권을 주었다. 처음에는 교장 선생님이 복도를 지나가는 것이 부담스러워서 아이들이 억지로 책 읽는 시늉을 했지만, 점차 습관이 되면서 짧은 시간이지만 아침에 독서하는 습관을 갖게 되었다.

대부분의 아이들은 독서를 즐거운 경험이라기보다는 억지로 하는 공부 정도로 여긴다. 독서도 각자의 경험과 관심에 맞아야 한다. 학년에 맞는 추천도서를 권장할 수도 있지만, 아이들 스스로 자기의 관심과 흥미에 맞는 책을 골라서 읽도록 하는 것이 즐거운 독서로 이끄는 더욱 좋은 방법이다.

학부모 상담을 하다 보면, 아이가 좋아하는 책만 읽어서 걱정이라고 말하는 분들도 있다. 책을 읽지 않아도 걱정, 좋아하는 책만 읽어도 걱정이다. 부모는 아이가 책을 읽으면 생각의 깊이가 달라지거나 인식의 범위가 넓어져야 한다는 생각을 가지고 있다. 그래서 아이가 좋아하는 책만 읽으면 지식이 쌓이지 않는다고 생각한다. 그러나 좋은 책을 읽는 것보다 더 중요한 것은 책을 가까이하고 자주, 그리고 많이 읽는 것이다. 독서의 습관에 있어서 다독(多讀)은 매우 중요하다.

> 많이 알려면 어떻게 해야 할까? 책을 읽는 것 말고는 다른 방법이 없다. 그렇다고 아무 책이나 그저 많이 읽기만 하면 될까? 그렇다. 무슨 책이든 많이 읽으면 독해력이 좋아진다.
>
> — 유시민, 『유시민의 글쓰기 특강』, 생각의 길, 2015, 134쪽

어릴 적에 책읽기를 좋아하던 사람이라도 커가면서 독서에 흥미를 잃을 수 있다. 책 속에서 정답을 찾아야 한다는 독서강박증은 독서에 흥미를 잃게 만든다. 프랑스의 대학교수이자 작가인 피에르 바야르는 꼭 책을 끝까지 다 읽지 않아도 될 자유, 책을 정독하지 않아도 될 자

유, 유명한 고전이나 필수 도서를 읽는 것에 얽매이지 않아도 될 자유를 말했다. 이러한 것을 인정할 때 독서가 강박이 되지 않고 독서가 주는 자유를 느낄 수 있다는 것이다.

독서에도 때로는 '질보다 양'이 필요하다. 물론 질보다 양이 먼저라는 뜻은 아니지만 일단은 상당한 독서량을 확보해야 한다는 것을 강조하는 말이다. 많이 읽다 보면 나중에 좋은 책도 읽을 수 있지만, 읽지 않으면 어떤 변화도 일어나지 않는다.

이처럼 중요한 독서습관을 어떻게 하면 기를 수 있을까? 『완벽한 공부법』이란 책에서는 독서습관을 만드는 몇 가지 방법을 이야기하고 있다.

먼저, 아이들을 스마트폰과 멀어지게 하는 것이다. 스마트폰과 멀어질수록 독서와 더 가까워진다. 특정한 장소나 특정한 시간을 정해놓고 독서를 하는 것이 좋다. 교실에서 독서를 할 수 있는 일정한 장소를 확보해준다든지, 일정한 시간을 정해서 함께 읽기를 하는 것도 효과적이다.

또한 책이 잘 보이도록 학급 환경을 구성해야 한다. 책이 눈에 잘 띄면 아무래도 책에 손이 가기 마련이다. 두세 권 또는 서너 권의 책을 동시에 읽는 것도 좋다. 한 가지 책을 읽다 보면 때로는 지겨워질 수도 있다. 이럴 때, 지겨운 책만 계속 읽기보다는 다른 책으로 전환하여 독서 분위기를 바꾸는 것도 독서습관을 만드는데 도움이 된다.

독서는 혼자서도 할 수 있지만 함께 읽는 것도 좋은 방법이다.

예로부터 독서는 혼자 읽는 것이었다. 그래서 독서(讀書)가 아니라 독서(獨書)가 되어버렸다. 이제는 혼자 공부하고 혼자 읽는 시대에서 함께 공부하고 함께 읽는 시대로 변하고 있다.

함께 읽기는 혼자 읽기를 하여 독단으로 빠지는 것을 막을 수 있다. 나폴레옹, 스탈린, 히틀러 등도 독서광이었지만 생각을 공유하지 않아 '독서가 낳은 괴물'이 되었다.

함께 읽기를 하면 혼자 읽을 때보다 더 많은 질문과 대답을 경험하게 된다. 다른 사람의 생각과 내 생각이 섞여 새로운 생각을 낳고, 또 타인의 생각을 듣고 이해하는 힘을 기르게 된다. 독서토론은 골방을 넘어 광장으로 나아가는 길이다. 공개와 공유, 협업의 시대, 함께 읽기가 답이다.

— 신기수 외, 『이젠, 함께 읽기다』, 북바이북, 2014, 139쪽

또, 교내 독서토론 동아리 활동에 적극적으로 참여하여 생각을 나누는 것도 좋은 활동이다.

'혼자서 가면 빨리 갈 수 있지만, 함께 가면 멀리 갈 수 있다.'라는 말이 있다. 이는 독서에도 적용되는 말이기도 하다.

3~4권의 책을 동시에 읽는 것도 좋은 방법이다. 어떤 책을 읽다 보면 흥미가 떨어지는 경우가 있다. 재미는 없지만 계속 읽어야 하나 하는 생각이 들 수도 있다. 하지만 고민할 것 없다. 재미없는 책을 덮고 다른 책을 보면 된다.

또한 주변에 책읽기를 좋아하는 사람을 가까이 하는 것도 좋다. 책을 많이 읽는 사람을 곁에 두면 책읽기에 대해 동기부여가 되고 자극도 받을 수 있다.

지금 우리 아이들에게 필요한 것은 올바른 독서교육을 통해 창의적 사고능력을 키우고, 전인적 인성을 갖춰나가는 것이다. 영어 단어 하나, 수학 공식 하나 더 외우는 것보다는 좋은 책 한 권을 읽게 하는 것이 더 교육적이다.

2017 국민 독서실태 조사

독서시간(평일)

23분 = 23분
2015년 2017년
성인

45분 → 49분
2015년 2017년
초중고 학생

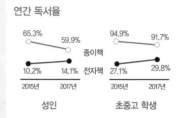

연간 독서율

65.3% → 59.9%   94.9% → 91.7%
종이책
10.2% → 14.1%   27.1% → 29.8%
전자책
2015년 2017년   2015년 2017년
성인   초중고 학생

- 문화체육관광부는 전국의 19세 이상 성인 남녀 6천 명과 초중고 학생 3천 명을 대상으로 실시한 [2017년 국민 독서실태 조사]를 발표했다.
- 연간독서율 : 1년 동안 일반도서를 1권 이상 읽은 사람의 비율
- 우리나라 연간독서율을 보면 성인은 59.9%, 학생은 91.7%이다. 연간 독서량은 성인 8.3권, 고등학생 8.8권, 중학생 18.5권, 초등학생 67.1권이다. 또한 평일 독서시간은 성인 23분, 학생 49분으로 조사됐다.

일기, 검사에서 지도로!

"선생님, 일기 지도는 어떻게 해야 할까요? 매일 거의 같은 내용에, 그냥 검사 받으려고 쓴 것 같은 일기장 검사를 꼭 해야 될까요?"

"일기 검사는 꼭 할 필요는 없지만 학생의 글쓰기 향상이라든지 인성지도를 위해서 필요하다는 교사들의 의견이 많은 편이에요."

"선생님은 일기 지도를 어떻게 하고 있나요?"

"학년 초에 학급 홈페이지를 통해 일기 지도의 필요성을 학부모님과 학생들에게 알리고, 일기 쓰는 것에 대한 부담을 최소한으로 하면서 지도하고 있습니다. 일주일에 한 번 정도만 지도하고 있고요."

"매일 거의 같은 내용의 일기를 쓰는 학생은 어떻게 지도하면 좋을까요?"

"일기를 쓸 때 자신의 생각이 꼭 들어갈 수 있도록 하고, 특히 '나는', '오늘'과 같은 말들을 쓰지 않도록 하면 일기 글이 훨씬 더 좋아질 거라고 알려주면 좀 나아질 거예요."

"'나는'과 '오늘'을 쓰지 말라고요?"

"그렇습니다. 일기는 당연히 자신의 일에 대해서 쓰는 것이고 매일 그날에 대한 경험과 사건을 쓰는 것이기 때문에 그런 말들은 불필요한 거죠."

1. '나는', '오늘'이라는 말을 빼고 쓰도록 한다.
예) 나는 오늘 현장체험학습을 갔다. 나는 동물원에서 친구들과 호랑이를 보았다.
→ 현장체험학습을 갔다. 동물원에서 친구들과 호랑이를 보았다.

"그렇군요, '나는'과 '오늘'만 빼도 훨씬 글이 좋아졌네요. 그런데 일기를 너무 짧게 한두 줄만 쓰는 아이는 어떻게 지도하면 좋을까요?"

"상황에 맞는 감정을 물으면서 이끌어가면 돼요. 예를 들어 '그때 주현이는 어떤 생각이 들었지?', '주현이는 그때 왜 속상했을까?' 등의 질문으로 특정 상황을 자세히 표현하게끔 해주면 됩니다."

2. 자신의 감정을 구체적으로 쓰도록 지도한다.
예) 엄마한테 혼났다. 기분이 안 좋았다.
→ 엄마한테 혼났다. 내 의도를 생각해주지 않은 엄마에 대해 서운하

게 느껴졌다. 엄마가 안 계실 때, 동생 간식을 챙겨주려다가 그릇을 깬 것인데, 이유도 묻지 않고 혼내는 엄마 때문에 속상했다.

"또, 일기에 큰따옴표와 작은따옴표를 넣도록 지도하면 당시의 상황이 좀 더 구체적으로 표현돼요. 따라서 한 문장이라도 따옴표를 넣도록 하면 일기가 좀 더 풍성해집니다."

3. 따옴표를 활용하여 쓰면 현장감이 높아진다.
예) 엄마한테 혼났다. 기분이 안 좋았다.
→ 엄마한테 혼났다. 내 의도를 생각해주지 않은 엄마에 대해 서운하게 느껴졌다. 엄마가 안 계실 때, 동생 간식을 챙겨주려다가 그릇을 깬 것인데 이유도 묻지 않고 혼내는 엄마 때문에 속상했다.
→ "이 그릇 누가 깼어?"
"제가 실수로 깨트렸어요."
"엄마를 도와주지는 못할망정 문제만 일으키는구나."
엄마의 야단에 할 말을 제대로 하지 못했다.
'사실은 동생 간식 챙겨주려다 그런 건데……'
이유도 묻지 않고 혼내기만 하는 엄마 때문에 속상했다.

"아이들이 특별한 일이 없어서 일기 쓸 것이 없다고 할 때는 어떻게 지도하면 좋을까요?"

"특별하게 일기 쓸 소재가 생각나지 않는다면 상상한 것을 적는 것도 좋아요. 예를 들어 '제주도에 폭설이 와서 비행기를 운행하지 않는다는데, 내가 거기에 있었다면 어땠을까?'라든지 '우리나라가 아직 독립하지 못해서 일제의 지배를 받고 있다면 어떤 일이 일어날까?' 등 다양한 아이디어를 통해 창의력과 글쓰기 능력을 기를 수 있어요."

4. 일기 소재가 없다고 느낄 때 상상일기 쓰기

• 내가 가방, 연필, 지우개라면 주인을 어떻게 생각할까?
• 만약에 동물로 태어난다면 어떤 동물로 태어나면 좋을까?
• 우리나라가 통일이 되면 어떻게 변할까?
• 만약 북극이나 열대지방에서 살았다면 어떻게 살아가고 있을까?
• 요술램프가 있다면 빌고 싶은 세 가지 소원은?

"감사일기를 쓰는 것도 좋아요. 감사일기를 쓰면 주변 대상에 대해 고마운 마음을 갖게 되고, 자신이 가진 것에 대해 감사하게 생각할 수 있어요."

5. 고마움을 느끼게 되는 감사일기 쓰기

• 고마운 대상을 정한다.
• 구체적으로 고마운 점을 적는다.
예) 교통자원봉사 할머니, 아침마다 안전하게 학교에 갈 수 있게 도와주서서 감사합니다. 아침에 신호위반하는 차량 때문에 사고가 날 뻔했는데 교통자원봉사 할머니 덕분에 안전하게 길을 건너 학교에 갈 수 있게 해주서서 고맙습니다.

"주변에서 고마운 사람이나 대상, 상황을 떠올리라고 할 때 어렵게 생각하고 힘들다고 말하는 아이가 있다면 최악의 상황이 아니라서 다행스러운 것을 생각하도록 해서 자신의 주변 상황과 가진 것에 대해 감사하는 마음을 갖도록 하는 것도 좋습니다."

6. 가진 것에 대해 감사를 느끼게 되는 다행일기 쓰기
- 나는 ~라서 다행이다.
- → 형이 있어서 다행이다. 형이 없었으면 좋아하는 바둑을 혼자 할 수 없었을 텐데 형이 있어서 다행이다.
- 나는 ~가 아니라서 다행이다.
- → 일본에서 태어나지 않아서 다행이다. 일본에는 화산 폭발이 자주 일어나는데 내가 일본에서 살고 있지 않아서 다행이다.
- 나는 비록 ~지만 ~가 아니라서 다행이다.
- → 비록 공부는 잘하지 못하지만 건강해서 다행이다. 건강하기만 하면 언제든지 공부할 수 있으니 비록 지금은 공부를 못하지만 건강해서 다행이다.

국가인권위원회에서는 '일기 검사를 목적으로 일기를 작성하게 하고 이를 검사, 평가하는 것은 아동의 사생활과 양심의 자유를 침해할 소지가 크며 대한민국 헌법 및 국제인권기준에서 보장하고 있는 아동의 사생활의 비밀과 자유, 양심의 기본권을 침해할 우려가 크다.'라고 결정하였으며 전라북도 학생인권 조례에도 '교직원은 일기장이나 개인 수첩 등 학생의 사적인 기록물을 열람하여서는 아니 된다.'라고 명시되어 있다. 이러한 내용과 관련하여 일기 쓰기에 대한 교육은 실시하되 일기장 지도 및 검사는 하지 않아야 된다는 내용이 공문으로 전달된 바 있다.

일기 쓰기에 대한 교육은 하되 일기장 지도 및 검사는 하지 말라는 내용이 앞뒤가 잘 맞지 않는다고 느껴지기도 하지만, 학생의 인권을 존중하고 침해하지 않도록 하자는 취지는 알 수 있다.

초등학생 일기장 검사에 대한 의견 (국가인권위원회)

[주문]

초등학교에서 일기장을 강제적으로 작성하게 하고 이를 검사·평가하는 것은 국제인권기준 및 헌법에서 보장하고 있는 아동의 사생활과 비밀과 자유, 양심의 자유 등 기본권을 침해할 우려가 크므로 이를 개선하고 초등학교의 읽기·쓰기 교육이 아동 인권에 부합하는 방식으로 개선될 수 있도록 지도, 감독해야 한다.

[결론]

1. 아동의 권리에 관한 협약 등 국제인권기준 및 헌법에서도 인정하고 있듯이 학생, 즉 아동은 교육과 보호의 대상이지만 인권의 주체이기도 하며 학교는 아동이 한 인간으로서 존엄을 지키며 살아갈 수 있도록 그 권리를 적극적으로 존중하여야 한다.

2. 그러나 초등학교에서 강제적으로 실시하고 있는 일기 검사는 인격적 존재로서의 아동이 사생활의 내용을 침해받지 아니하고 나아가 자유로운 사적 활동을 영위할 수 있도록 보장하려는 사생활의 비밀과 자유의 취지에 부합하지 않으며, 검사 평가받을 것을 전제로 일기를 작성하도록 함으로써 개인에 대한 그 고유한 양심세계를 보장하고 각자의 고유한 개성과 다양한 윤리적 가치관이 존중될 수 있도록 하는 양심의 자유를 침해할 소지가 있다.

  또한 일기장 검사를 통하여 달성하고자 하는 교육적 목적을 달성하기 위해서 인권 침해 소지가 없는 다른 방법의 강구가 가능하므로 수단의 적정성도 발견하기 어렵다.

3. 따라서, 초등학교에서 학생들에게 일기를 강제적으로 쓰도록 하고 이를 검사 평가하는 관행은 개선이 필요하다고 판단하여 주문과 같이 의견을 표명한다.

진로교육, '무엇이 될까?'보다 '무엇을 할까?'로

흔히 아이들의 진로지도를 하면서

"너는 커서 무엇이 되고 싶니?"

"어떤 직업을 갖고 싶니?"

라는 질문을 하면 아이들은

"의사요."

"선생님이요."

"요리사요."

이렇게 자신 있게 대답하곤 한다. 하지만 "왜?"라고 물으면 이유를 정확히 대답하는 아이는 드물다. 아마 장래희망에 대해서 정말로 깊이 생각해보지는 않아서일 것이다. 그저 부모가 바라기 때문에 자신의 꿈으로 정했을 수도 있다. 아이들이 장래희망 란에 적는 직업은 아이의 꿈이 아닌 부모의 꿈인 경우가 많다.

　　직업이란 단어의 한자 뜻은 벼슬(職)과 일(業)을 뜻한다.
　　職(직)은 어떠한 자리에 오르는 것(일자리)을 의미하고
　　業(업)은 어떠한 일을 하는 것을 의미한다.
　　職(직)을 찾아다니면 業(업)을 잃게 되는 경우가 많지만
　　業(업)을 쫓으면 職(직)을 찾게 되는 경우가 많다.

　아이들의 미래 직업에 대한 진로지도를 할 때, 단순히 職(직)만 물어볼 것이 아니라 業(업)에 대한 이야기를 함께 해야 한다. 아이의 꿈에 대해 단순히 의사, 교사, 요리사, 작가가 아니라 어떤 의사, 어떤 교사, 어떤 요리사, 어떤 작가가 되고 싶은지 구체적으로 얘기를 나눠야 한다. 그러면 아이들은 자신이 희망하는 미래 직업에 대해 이렇게 말하게 된다.

　"저는 아픈 아이들을 사랑으로 진료하는 소아과 의사가 되고 싶어요."

　"저는 아이들을 꼼꼼히 살펴주고 재밌게 놀아주는 선생님이 되고 싶어요."

　"저는 사랑하는 사람과 어르신들을 위해 맛있는 요리를 만들어주는 요리사가 되고 싶어요."

　"제가 쓴 글을 읽으면서 사람들이 희망을 찾고, 행복감을 느낄 수

있도록 하는 작가가 되고 싶어요."

이렇게 미래의 직업에 대해 구체적인 모습을 그리면 좀 더 다가가기 쉬워진다.

초등학교의 진도 지도는 1회성으로 참여하는 진로 체험으로 구성되는 경우가 많다. 하지만 진로 체험보다 직업 인식과 직업 탐색이 먼저 이뤄져야 한다. 초등학교 5학년 아이들을 대상으로 자신이 아는 직업을 최대한 많이 써보라고 하면 아이들이 알고 있는 직업은 의외로 많지 않다. 대부분의 아이들이 20~30개 이상을 넘기지 못했다. 그나마 요즘 드라마에 나오는 파티시에, 소믈리에, 프로게이머 등을 아는 경우도 있었지만 기존에 잘 알려진 직업인 판사, 경찰, 의사, 교사, 운동선수 정도밖에 쓰지 못한 아이들도 꽤 많았다.

더 넓은 세상을 보지 못하고 우물 안 개구리가 되지 않으려면 여러 가지 직업에 대해 인식하고 탐색해야 하고, 아이들에게 그러한 자극을 주는 일 역시 교사가 해야 할 일 중의 하나다.

아이들은 부모나 교사, 또래 친구, 미디어의 영향을 받아 장래에 어떤 사람이 되고 싶은지를 생각하게 된다.

얼마 전, 학생들이 장래희망을 '임대업자'라고 답했다는 소식에 많은 사람들이 놀라며 씁쓸해 했다. 아이들은 이미 '조물주 위에 건물주'라는 농담 아닌 농담을 현실로 받아들이고 있다. 그렇지 않아도 금수저, 흙수저라며 환경과 출신이 장래를 좌우하는 안타까운 현실에서 아이들이 장래희망으로 '임대업자'를 꼽았다는 것은 아무리 현실이 암울하다고 해도 씁쓸한 일이 아닐 수 없다. 또 이런 모습은 진로교육 역시 제대로 이뤄지지 않았다는 것을 드러낸다. 직업은 단순히 생계를 유지하는 수단만이 아니라 자아실현의 수단이기도 하기 때문이다.

우리나라의 전문대학 이상 졸업자 중 42%가 자신의 전공과 관련 없는 직업을 갖는다고 한다. 이는 초등학교에서부터 충분한 진로 인식과 탐색이 이뤄지지 않아, 많은 이들이 자신의 적성을 제대로 찾지 못한 결과이다.

공부는 왜 하는가? 자신의 적성과 재능을 발견하여 발전시키기 위한 것이다. 아이들은 각자 어떤 분야를 배우는 것이 즐거운지, 자신이 잘하는 분야는 무엇인지, 원하는 꿈을 이루려면 어떤 분야를 더 공부해야 하는지 탐색하기 위해서 공부해야 한다. 또한 교사는 아이가 꿈을 이룰 수 있도록 격려하는 격려자이자 상담자가 되어야 한다. 잊지 말아야 할 것은 꿈은 누군가 대신 꾸어주거나 이뤄주는 것이 아니며, 아이 스스로 꿈을 가질 수 있도록 지도해야 한다는 것이다.

아이들에게 성장이란 꿈을 찾는 과정이다. 어른들의 강요에 의해 자신의 소질이나 재능에 맞지 않는 직업을 가지도록 공부해야 하는 아이들은 꿈 꿀 시간조차 부족하다.

남들이 뛰어가니까 내가 가야 할 방향도 생각하지 않고 남들을 따라 무조건 뛰기만 한다. 다들 한 방향으로 뛰니까 줄이 세워지고, 순위가 중요하게 된다. 그러나 남들이 뛰어가는 방향이 아니라, 자신이 뛰고 싶은 방향으로 뛰면 모두가 각자의 방향에서 최고가 될 수 있다.

이스라엘에서는 자녀에게 '남보다 유명해지려고 하지 말고 남과 다르게 되어라.'라고 가르친다고 한다. 우리도 'Best one'이 아닌 'Only one'이 될 수 있도록 아이의 소질과 적성, 재능에 맞는 진로교육을 해야 한다.

재능에는 개인이 타고난 능력과 훈련에 의해서 획득된 능력이 있다. 따라서 재능을 발견한다는 것은 이미 아이가 가지고 있는 능력을 잘 살펴서 찾아주는 것을 말한다. 옛말에 '굼벵이도 구르는 재주가 있다.'라는 말이 있다. 아이들 모두 각자 타고난 재능이 다르기 때문에, 자신의 재능을 찾고 살필 수 있도록 해야 한다.

일본의 유명작가인 나카타니 아키히로는 재능에 대해 이렇게 말했다.

> "재능은 곧 자기가 하고 싶어 하는 일이다. 다시 말해 자기가 진심으로 하고 싶어 하는 일을 발견한 사람은 그 분야에 재능을 가지고 있다고 할 수 있다."
>
> – 김용욱, 『몰입의 법칙』, 21세기북스, 2008, 107쪽에서 재인용.

재능을 찾기 위해서는 더 많이 보고, 더 많이 읽고, 더 많이 배워야 한다. 자신에 대해 알수록 잘할 수 있는 일을 찾을 가능성이 높아진다. 자신이 좋아하는 일, 즉 재능을 찾으면 그 일을 자주 하게 되고, 그 일을 자주 하다 보면 결국 잘하게 된다.

또 한 가지, 진로지도에 있어서 잊지 말아야 중요한 한 가지는 직업의 기본적인 개념은 노동이라는 것이다. 정신적 노동이 됐든 육체적 노동이 됐든, 직업은 노동과 분리할 수 없다. 아이들은 화려하고 편하게 보이는 직업만을 선호하는 오류를 범하고 있다. 축구선수 손흥민의 높은 연봉에는 관심이 많지만, 그가 훌륭한 축구선수가 되기 위해서 참고 견뎌야 했던 훈련과 과정에 대해서는 관심을 가지지 않는다. 힘든 훈련 과정을 보거나 체험했다면 그렇게 많은 아이들이 장래희망으로 축구선수를 선호하지는 않을 것이다. 요즘 TV 프로그램에 자주 등장하는 화려한 셰프들도 식당 안 구석진 자리에서 설거지하고 양파 까고, 마늘 찧던 시절을 거쳤을 것이다. 아이들의 직업 선호도를 보면 이런 과정을 생략하고 그저 무엇이 될지에만 관심이 있는 것 같아 걱정스럽다.

직업이란 본래 개인의 재능과 꿈, 끼를 위해 만들어진 것이 아니라, 사회의 필요에 따라 생겨난 것이다. 아이들은 모든 직업에는 노동이라는 힘든 과정이 포함되어 있다는 것을 알아야 한다. 노동에 대한 가치가 빠진 진로교육은 허상에 불과할 수 있다. 키자니아나 잡월드에 가서 몇 가지 체험을 한다고 해서 진로교육이 이뤄지는 것은 아니다.

학교에서 하는 진로체험활동에서는 사회적으로 성공한 졸업생이나 학부모를 모시고 진로특강을 하기도 한다. 하지만 대부분의 강사는 사회적으로 선망받는 직업을 가진 사람들이다. 직업에는 귀천이 없다고 강조하면서도 정작 진로교육 프로그램이나 체험은 소수를 위한 것이 되고 있다.

아이들이 앞으로 갖게 될 직업은 아마도 대부분 평범하고 노동시간이 긴 직업일 확률이 높다. 평범하고 가까이에 있는 직업에 대해 알아보는 진로교육이 보다 현실적이며, 아이들의 공감을 얻기도 쉽다.

올바른 진로교육은 아이들이 자신의 적성과 소질을 발견할 수 있도록 이루어져야 한다. 각자 자신이 어떤 분야를 배우는 것이 즐거운지, 어떤 분야를 하면 잘할 수 있는지, 어떤 분야의 일을 했을 때 보람이 있는지를 찾을 수 있어야 한다. 또한 지금까지의 진로교육이 '무엇이 될까?'에 대한 교육이었다면 이제는 '무엇을 할까?'에 대한 진로교육이 이뤄져야 할 것이다.

"꿈을 이루려면 한번에는 불가능하다. 매일 조금씩 작은 것을 쌓아가다 보면 언젠가는 믿을 수 없는 힘을 낼 수 있게 된다."

– 스즈키 이치로(야구선수)

꿈의 또 다른 이름은 목표이다

"꿈을 날짜와 함께 적어놓으면 그것은 목표가 되고, 목표를 잘게 나누면 그것은 계획이 되며, 그 계획을 실행에 옮기면 꿈이 실현되는 것이다."

– 그레그 S. 레이드(Greg S. Reid)

미 해군 함대에 큰 행사가 열리는데 4성 장군(대장)의 계급장이 훼손되어 급히 계급장을 구해야 했다. 바다 한가운데에 4성 장군의 계급장이 있을 리 없었지만 혹시나 하는 마음으로 선내 방송을 했는데, 이제 막 임관한 한 소위가 대장 계급장을 가지고 나타났다. 일단은 다행이라고 생각하면서도 소위가 대장 계급장을 가지고 있는 이유가 궁금하여 물었다.

"제가 소위로 임관할 때, 나라를 위해 헌신하며 꼭 대장의 지위까지 올라가라는 의미로 애인이 선물한 것입니다."

훗날 이 소위는 4성 장군을 넘어선 5성 장군(해군 원수)이 되었는데 그가 바로 체스터 윌리엄 니미츠다. 훗날 그의 공적을 기리기 위해 그의 이름을 딴 니미츠라는 항공모함이 만들어지기도 했다.

어떤 큰일을 한 번에 하려고 하다 보면 어디서부터 시작해야 하고, 어떻게 해야 되는지 난감한 경우가 많다. 그래서 결국은 자신이 하고자 했던 그 일을 포기하게 되기도 한다. 어떤 일을 할 때 자신이 할 수 있는 적당한 크기로 계획을 세워서 하나씩 달성해가면, 자신도 모르는 사이에 큰일을 완성할 수 있다.

학교폭력 예방 가산점의 불편한 진실

"우리 반 아이들은 서로 자주 다투는데, 이러다 학교폭력 문제로 커지는 건 아닌지 항상 조마조마해요."

"고학년을 맡아서 고생 많지? 학교폭력은 발생한 다음 처리하는 것보다 예방이 중요해. 교사가 항상 학교폭력 예방에 대해 관심을 가지고 아이들의 실태를 점검하고 예방 교육을 하는 것이 무엇보다 중요하지."

학교폭력 문제는 학생뿐만 아니라 학부모, 교사 등 모두에게 많은 상처를 남기게 된다. 그래서 학교폭력 문제는 예방이 최선이다.

학교폭력 문제를 처리하는 과정에서 가장 어려운 일 중의 하나는 학교가 무조건 은폐하려고 한다는 학부모의 오해이다. 따라서 교사가 섣불리 자신의 생각만으로 가해자와 피해자를 판단하고 구분하거나 서둘러 아이들을 화해시키려 하면 오히려 문제를 더 악화시키기는 경우도 있다.

일단 학교폭력 문제를 알게 되면, 신고를 하고 사안을 제대로 조사하는 것이 먼저다. 학교폭력 문제 처리 방법 매뉴얼에 따라 진행하면서 아이들과 해결방안을 모색해야 한다. 매뉴얼대로 처리하지 않고 너무 교육적으로 해결하려다 보면 축소하거나 은폐하려 한다는 오해를 사게 될 수도 있다. 그렇다고 모든 것을 매뉴얼대로만 처리하면 대체 교사가 하는 일은 뭐냐는 핀잔을 들을 수도 있다.

이래저래 학교폭력 문제는 누구라도 피하고 싶은 일이 될 수밖에 없다. 그렇다 보니 교육부에서는 학교폭력 예방 및 해결 등에 기여한 교원에 대해 승진 가산점 부여 제도까지 만들었다.

이 제도는 교원들의 학교폭력 예방 노력을 독려하기 위해 지난 2013년 도입됐다. 그러나 현장에서는 거의 모든 교사가 학교폭력 예방을 위해 노력하고 있음에도, 학교별로 가산점 혜택은 40% 이내로 대상 인원이 제한되어 일부 교사에게만 혜택이 주어지는 것이 문제점으로 지적됐다. 더구나 학교폭력 예방 유공 교원을 선정하는 데에도 끊임없는 잡음이 생기고, 가산점 배점도 높아서 대상자 선정에 갈등이 많다.

그렇다면 학교폭력 예방 가산점은 어떤 교사가 받는 걸까?

물론 학교폭력 예방을 위해서 남다른 노력과 활동을 했거나, 학교폭력 발견 및 상담활동, 학교폭력 대응 조치가 우수한 교사가 받는 것이 당연하다. 하지만 학교폭력 예방 실적을 수치화하는 것은 어려운 일이다. 각 학교마다 학교 실정에 맞는 학교폭력 예방 유공교원 선정 기준을 정하고 거기에 해당하는 선생님을 선정하고 있지만, 잡음은 끊이지 않는다. 몇몇 학교에서는 승진이 급하고 경력이 많은 교사가 필요에 의해 먼저 차지하기도 한다. 이처럼 현장 교원들의 원성을 사고 있는 학교폭력 예방 및 해결 등 기여 교원 승진 가산점(이하 학폭가산점) 상한점은 2점에서 1점으로 축소됐다. 학폭가산점은 연간 0.1점씩 10년간 최대 1점까지 부여된다.

학폭가산점은 얄팍한 승진 가산점으로, 학교폭력 예방이라는 본연의 목적보다는 교사들이 승진 점수에 매달리게 만드는 제도이다. 교사들에게 학폭가산점을 주면 학교폭력이 줄어들 것이라는 생각에서 도입됐지만, 오히려 현장에서는 교사 간 위화감을 조성하고 있다. 실질적으로 학교폭력 예방에 기여한 교사에게 줘야 하는 가산점을 학교별로 40%의 교사에게 부여하다 보니 불필요한 경쟁을 유발하거나 학교폭력 예방에 기여한 것이 없어도 무임승차하는 등 갈등이 일어나고 있다.

각 학교마다 공정성을 확보하기 위해 각종 증빙자료를 내도록 하고 있지만, 정작 학교폭력 예방 교육을 열심히 했으면서도 학생 지도에 바빠서 증빙자료를 챙기지 못하는 교사는 혜택을 보지 못한다. 또한 대부분의 교사들이 선후배로 연결되어 있는 교직사회는 연공서열이 강하다. 혹여 선배 교사가 학폭가산점을 신청하면 경력이 적은 교사는 눈치를 보느라 자신의 증빙서류를 슬그머니 빼는 경우도 있다. 그렇지 않으면 마치 경력이 적은 후배 교사가 승진에 매달리는 것처럼 취급받기도 한다. 이러한 이유로 학폭가산점 제도를 아예 폐지해야 한다는 목소리가 높다.

한국교총이 2017년 전국 교원 1196명을 대상으로 실시한 이메일 설문조사에 따르면, '학교폭력예방법을 개정해 학교폭력대책자치위원회(이하 학폭위)를 외부 전문기관으로 이관하는 것'에 대해 응답자의 79.4%의 '적절하다'고 답변했다. 교원 10명 중 8명은 학교별 학폭위를 외부 전문기관으로 이관해야 한다는 의견을 냈다. 또 경미한 학교 폭력 사안에 대해 담임 종결권을 부여하는 데 90%가 찬성했다.

교사들은 학교폭력 문제 발생 시 학폭위의 처분에 가해자, 피해자 모두 업무 처리에 대한 객관성을 의심하여 학교교육이 제대로 되지 않음을 힘들어 한다. 위의 조사에 따르면 학교폭력예방법 개정 내용에 '경미한 학생 간 다툼은 담임 종결권 부여'를 포함시키는 것에 대해서는 응답자의 90.1%가 '적절하다'고 답했다.

– 《한국교육신문》, 2017. 10. 30.

학폭위를 외부 전문기관으로 이관하는 내용의 법안이 잇따라 발의된 가운데, 학교 현장에서도 개정을 촉구하는 목소리가 높아지고 있다. 가장 큰 이유는 단위학교 학폭위마다 심의 결과가 달라 형평성 논란이 제기되고 교사 업무도 가중되고 있다는 것이다.

실제로 2016년 전국 학폭위원 9만 7415명 중 경찰과 법조인, 의료

인은 12.2%에 불과했다. 이마저도 11%는 학교전담경찰관을 배치한 것으로, 사실상 학교별로 외부 전문가를 구성하기에는 역부족인 게 현실이다. 또 학폭위 처분에 불복한 재심청구, 행정소송도 갈수록 늘고 있다. 가해·피해 학생의 재심 청구는 지난 2013년 702건에서 2016년에는 1,149건으로 증가했다.

학교 밖에서 일어나는 문제까지 모두 학교와 교사에게 떠넘기고 책임을 지도록 하다 보니 정작 중요한 교육활동에 소홀해지게 되는 일도 일어난다. 처벌 위주의 학폭위보다 경미한 사항은 담임 선에서 화해를 시키고 문제 행동을 개선하는 데 초점을 두는 것이 교육적일 것이다. 다만 또 다른 논란의 피해를 막기 위해 담임 종결 사건의 요건, 처리과정 등을 상세히 할 필요가 있다.

학교폭력대책자치위원회(학폭위) 소집 남발

– 어깨만 부딪혀도 학폭위 소집…. 1년에 징계 5만 건

학폭위를 담당하는 교사들은 복도에서 걷다가 어깨를 부딪치는 수준의 사소한 사건에도 학폭위를 소집하는 등 업무가 과중해 부실운영으로 이어지고 있다고 지적한다.

4년째 학폭위를 전담하고 있는 한 초등학교 교사는 "장난을 치거나 걸어가다가 어깨를 부딪치는 고의성 없는 충돌도 학폭사건으로 접수하면 학폭위가 열린다."며 "학생들이 자기들끼리 장난을 치다가도 신체 접촉이 있으면 '학폭위 신고한다.'고 할 정도"라고 설명했다.

이런 사건은 대부분 '조치 없음'이나 가장 낮은 처분인 서면 사과로 끝나지만 이를 위해 학폭위원과 담당교사들은 3~4시간씩 회의를 해야 한다.

실제 교육부의 '학폭 가해학생 선도·교육 조치 현황'을 보면 2016년 3월부터 2017년 2월 28일까지 1년간 전국 학교에서 발생한 학폭위 징계는 총 4만 9,933건이다. 이 중 경징계 조치는 3만 4,043건이다.

상황이 이렇다 보니 교사들은 학폭위를 아예 교육청 소관으로 이전해야 한다고 주장했다. 인천의 한 중학교 교사는 "학폭위를 교육청이나 교육지원청으로 올려서 학교의 업무 부담을 덜고 학생들 교육과 지도에 전념할 수 있도록 해야 한다."고 강조했다.

– 《이데일리》, 2017. 9. 28. 기사

학교폭력 피해 징후

1. 늦잠을 자거나 몸이 자주 아프다며 학교 가기를 싫어한다.
2. 성적이 갑자기 혹은 서서히 떨어진다.
3. 평소보다 기운이 없고, 무엇인가에 열중하지 못한다.
4. 옷이 지저분하거나 단추가 떨어지고 구겨져 있다.
5. 물건을 자주 잃어버리거나 새로 사달라고 한다.
6. 용돈을 평소보다 많이 달라고 하거나 휴대폰 요금이 많아진다.
7. 학교나 학원을 가기 싫어하거나 옮기고 싶어 한다.
8. 자녀가 휴대폰을 보고 당황하거나 불안해 한다.
9. 학교생활이나 친구관계에 대해 대화를 시도하면 예민한 반응을 보인다.
10. 수련회, 봉사활동 등 단체 활동에 참여하지 않으려고 한다.

수업과 업무,
멀티태스킹이 아닌 멀티스위칭으로

　　교사들이 학교에서 가장 바라는 것은 수업시간에 교육에만 집중할 수 있는 환경이다. 과학시간에 실험기구를 찾다 보면 수업시간을 허비하게 되고, 음악시간에는 악기를 점검하다가 시간이 다 가기도 한다. 그뿐인가? 각종 공문과 계획서 기안하는 일을 하다 보면 쉬는 시간을 훌쩍 넘겨 수업시간을 침해하게 되는 경우가 발생하고, 급히 처리해야 할 업무가 많다 보면, 아이들에게 개별 활동을 시키고 수업 중에 각종 업무를 처리하는 경우도 생기게 된다.

　　멀티태스킹(Multi-Tasking)이란 동시에 여러 가지 일을 처리하는 것을 말한다. 밥을 먹으면서 TV를 보는 것, 공부하면서 음악을 듣는 것 같은 경우다. 하지만 이러한 멀티태스킹은 여러 가지 부작용을 가져오게 되는데, 이에 대한 흥미로운 연구가 있다. 미국 스탠퍼드 대학교의 연구

진은 멀티태스킹을 많이 하는 19명과 그렇지 않고 한 가지 일만 하는 22명을 비교 연구했다. 그리고 이들에게 실험 시간 동안 사소한 자극을 주었다. 그런데 멀티태스킹을 하지 않는 집단은 그런 자극이 몇 번 가해지든 그 영향을 받지 않았다. 하지만 멀티태스킹을 하는 집단은 자극의 횟수가 늘어나면서 성과가 떨어졌고, 두 과제 사이를 왔다 갔다 하는 것조차 힘들어 했다. 이 실험에 따르면 여러 가지 일을 동시에 하는 사람은 생각을 집중하고 통제하는 데 큰 어려움을 겪는다는 것을 알 수 있다.

예전에 상당한 거리를 통근한 적이 있었다. 먼 거리를 통근하다 보니 어지간해서는 학교의 일거리를 집에 가지고 가지 않으려 하게 되었고, 최대한 학교에 있는 시간을 활용해서 업무 처리와 수업 준비를 했다. 수업을 하다가 아이들 활동시간에 전날 치른 시험을 채점하기도 하고, 급한 공문을 작성하기도 했다. 아이들이 수학 익힘책을 푸는 동안 일기장을 검사하기도 했다. 나도 그 당시에는 두 가지 일을 하는 것이 주어진 시간을 잘 활용하는 것이라고 생각했다. 하지만 그러한 멀티태스킹이 효율성이 떨어진다는 것을 깨닫게 된 것은 섬에서 근무하면서부터였다.

섬에서는 일주일에 한 번만 집에 갈 수 있었기 때문에 근무시간 이후에 시간이 꽤 많았다. 수업 중에 멀티태스킹을 할 필요도 없었다. 그렇다 보니 수업시간에 아이들 교육에만 집중할 수 있었다.

그런데 작은 변화가 생겼다. 수업 시간에 수업에만 집중하는 것은 어쩌면 당연한 것이지만, 비로소 마음이 뿌듯한 기분을 느끼게 되었고 아이들에게 최선을 다했다는 만족감을 얻을 수 있었다. 한 반에 4명 정도로 학생 수도 적었지만 멀티태스킹을 하지 않으니 옆에서 아이들을 하나하나 더욱 꼼꼼하게 지도할 수 있었고, 아이들의 이해력도 높아지는 것을 느꼈다.

멀티태스킹은 학습과 업무 효율에 부정적인 영향을 준다. 스탠퍼드 대학교의 클리퍼드 나스(Clifford Nass) 교수는 다중작업은 한 가지 일에 집중하는 사람보다 업무 효율이 낮다는 연구 결과를 내놓았다. 멀티태스킹은 엄밀히 말하면 그 일에 온전히 집중하는 것이 아니라 조금씩 집중하면서 끊임없이 이쪽저쪽으로 옮겨 다니는 것이다. 그렇기 때문에 멀티태스킹을 하게 되면 집중력이 감소하여 수업과 업무 모두 성과가 떨어진다. 또한 뇌에 과부하를 불러와 쉽게 기력이 떨어지고, 만성피로와 무기력까지 불러올 수도 있다.

멀티태스킹과 비슷하지만 다른 개념으로 '멀티스위칭'이라는 것이 있다. 이는 말 그대로 한 가지 일에 집중하다가 필요할 때 바로 다른 일로 스위치를 전환하고 다시 집중하는 방법이다. 여러 가지 일을 해야 하지만, 각각 한 번에 하나의 일만 처리하는 것이다. 교사로서 수업할 때는 수업만, 업무를 처리할 때는 업무 처리만 하면서 한 번에 하나의 일에 집중하여 처리하는 것이 멀티스위칭이다. 많은 교사들이 이미 멀티스위칭을 하고 있다. 아이들 수업과 업무 처리, 생활지도와 상담 등 많은 일들을 하나하나 집중하며 해결해나가고 있는 것이다.

수업시간에는 수업만 하는 것이 너무나 당연하고 그렇게 해야만 하는 일이지만, 잘 지켜지지 않을 때가 있다. 처리해야 될 여러 가지 일이 있을 때 교사는 멀티태스킹이 아닌 멀티스위칭을 해야 한다.

기원전 1세기경 로마의 작가이자 풍자 시인인 퍼블릴리어스 사이러스(Publilius Syrus)는 이렇게 말했다.

"두 가지 일을 동시에 한다는 것은 둘 다 하지 않는다는 뜻이다."

멀티태스킹을 멀리해야 하는 이유

양분청취 실험이라는 것이 있다. 양쪽에서 서로 다른 소리가 나도록 제작된 이어폰을 끼고 한쪽의 메시지만 따라서 말하는 실험이다. 대부분의 경우는 주의하지 않는 쪽의 내용에 대해서는 알지 못한다. 하지만 자신의 이름과 같은 소리가 들리면 그 소리를 듣는 경우가 있다.

주의력(작업기억)이 높은 사람은 20% 정도가 자신의 이름을 들었지만, 주의력이 부족한 사람의 경우는 60% 정도가 자신의 이름을 들었다. 주의력은 장기기억에 많은 영향을 주는데 주의력이 약한 사람은 공부를 잘하기 어렵다.

양분청취 실험에서 위와 같이 자신이 이름이 불리는 것과 같은 중요한 정보가 아니면 대부분 다른 쪽에서 들리는 내용을 잘 듣지 못한다. 만약에 양쪽의 내용을 모두 들으려 하면 뒤죽박죽이 되어 둘 다 알지 못하게 될 가능성이 크다.

아주 익숙한 단순작업을 하면서 동시에 다른 일을 하는 경우가 종종 있지만, 멀티태스킹을 한다는 것은 실제로 매우 어려운 일이다. 하물며 아이들을 가르치는 교사가 수업을 하면서 일 처리를 하는 멀티태스킹을 한다는 것은 적절하지 못한 일이다.

멀티태스킹은 두 배의 업무 효율을 내는 것이 아니라 오히려 두 배의 비효율을 가져오기 때문이다. 따라서 아이들을 가르칠 때는 가르치는 일에 열중하는 것이 가장 효과적이다.

회복적 성찰 : 처벌보다는 관계회복이다

아이들 사이에 문제가 발생하면 교사는 마음이 편치 않다. 점심식사 후에 교무실에서 커피라도 한 잔 마시려고 하면,

"선생님, 교실에서 아이들이 서로 싸우고 난리 났어요."라는 한마디에 바로 교실로 달려가게 된다.

이럴 때는 보통 아이들을 불러 일단 누가 먼저 문제행동을 했는지, 왜 그랬는지 묻게 되고, 두 아이 모두 서로 조금이라도 잘못한 점을 인정하도록 확인시키고, 서로 잘못했으니까 악수하고 사과하라고 하면서 마무리 짓게 된다. 하지만 그 과정에서 어느 한쪽이 쉽게 잘못을 인정하지 않으면 중재가 쉽지 않다.

반 아이들이 서로 욕설을 한다거나 하는 문제행동을 일으키면 담임교사는 아이들에게 반성문을 쓰라고 한다. 체벌이 전면 금지된 지금,

교사들이 아이들에게 가장 많이 하는 방법은 훈육과 반성문을 통해 자신을 돌아보도록 하는 방법이다. 하지만 어떻게 반성문을 쓰도록 지도해야 아이가 자신의 잘못을 뉘우치게 될지도 고민이다. 또, 잘못한 아이가 반성문을 쓴다고 해서 피해를 당한 아이의 상처가 회복되지는 않는다.

보통 잘못된 행동을 한 아이에게 그에 상응하는 응보적인 고통을 줌으로써 아이의 행동을 통제하고 변화시키려 한다. 예를 들어 반성문을 쓰게 한다든지, 남아서 교실 청소를 하도록 하는 것이다. 응보적 정의는 공정한 평가를 통해 잘못한 일에 대한 처벌을 하고자 한다. 또 처벌은 어떤 행동에 대해 혐오 자극을 주거나 유쾌한 자극을 거둠으로써 그 행동이 다시 일어날 확률을 감소시키는 것이다. 그래서 예전에는 문제행동을 한 학생에게 운동장의 쓰레기를 줍게 한다든지 화장실 청소를 시킨다든지 하는 벌을 주었다. 하지만 이러한 방법으로는 잘못된 행동을 한 아이를 변화시키기도 어렵고, 상처를 당한 아이의 마음을 회복시키지도 못한다.

잘못된 행동을 한 아이에게 응보적인 조치를 내리기보다는 상처를 당한 아이의 마음을 회복시키기는 것이 더 중요하다. 응보적 조치는 가해자로 하여금 자신의 잘못에 대한 죗값을 치렀다는 생각을 갖게 하고, 정작 피해를 당한 아이에 대해서는 미안함보다 원망을 갖게 하는 결과를 낳기도 한다. 또한 피해 학생도 친구와의 관계가 더욱 악화되므로 불편해질 수밖에 없다. 이처럼 가해자에 대한 응보적 조치는 피해자의 마음을 회복시키지 못하기 때문에, 응보적 조치보다는 피해자를 위한 회복적 조치가 필요하다.

회복적 조치는 가해 학생으로부터 자발적인 책임을 인정하게 하여 피해를 당한 아이의 마음을 회복시키는 데 목적이 있다. 따라서 가해 아이에 대한 처벌보다 피해 아이의 회복이 더 중요하다는 사실에 기반한다. 한국평화교육훈련원 이재영 원장은 이를 응보적 정의와 회복적 정의라고 설명한다.

※ 회복적 정의(Balanced Justice) : 결과 위주의 처벌보다 용서와 화해, 관계회복을 통한 문제 해결을 위해 관련 학생 모두에게 정의를 판단하고 더불어 살아가는 능력을 키워주는 방법.

그동안 아이들 사이에서 일어나는 여러 가지 문제에 대해 응보적 정의의 측면에서 다가갔다면, 이제는 회복적 정의의 측면에서 다가가야 한다.

이러한 측면에서 보면, 무조건 잘못된 행동에 대해 반성하는 글을 쓰라고 하는 것보다는 가해 학생이 자신의 행동으로 피해를 입은 아이에 대해 자발적인 책임을 느끼고, 행동을 변화할 수 있도록 지도해야 한다. 이를 위해 기존의 반성문이 아닌 회복적 성찰문을 쓰도록 하는 것도 한 방법이다. 이는 공동체가 책임을 가지고 가해 학생을 교육적으로 이끌어간다는 점에서 기존의 반성문과는 다른 점이 있다. 그리고 이처럼 잘못된 행동을 한 아이에게 자신과 피해 학생에 대한 성찰의 시간을 갖도록 하여 행동의 변화를 이끄는 것이 회복적 생활교육이다.

응보적 정의(응보적 질문)	회복적 정의(회복적 질문)
잘못에 상응하는 처벌을 통해 가해자를 바로잡는 것.	자발적 책임을 통해 잘못으로 피해를 입은 피해자를 회복하는 것.
■ 누가 잘못한 사람인가? ■ 어떤 학칙을 어겼는가? ■ 어떻게 처벌할 것인가?	■ 누가 피해를 입었는가? ■ 어떤 피해가 발생했는가? ■ 발생한 피해를 회복하기 위해 필요한 것은 무엇인가?

한편 생활지도에 있어서 교사의 역할도 변화하고 있다. 기존의 생활지도는 통제와 질서를 강조한 징벌적 생활지도 방법이었다. 최근에는 점차 아이들의 의견을 들어주면서 허용적인 지도를 하게 되었지만, 너무 느슨할 경우에는 오히려 교사의 지도력이 발휘되기 어려운 부분이 있다. 회복적 생활교육에서 교사의 역할은 공감과 관계를 강조하면서 협력의 방식으로 아이들을 이끄는 것이다.

기존의 생활교육이 '어떻게 하면 아이들을 효과적으로 통제할 수 있을까?'라는 것에 무게가 두어져 있었다면 회복적 생활교육은 '아이들의 필요와 욕구를 어떻게 충족시킬 것인가?'에 관심을 두고자 하는 생활교육 방법이다.

기존의 생활지도가 권위를 전제로 한 처벌과 통제 중심이라면, 회복적 생활교육은 공감과 연결을 통한 관계와 공동체성 강화가 중심이다. 회복적 생활교육은 한마디로 '관계성 향상을 통한 평화로운 공동체 세우기'다.

-『회복적 생활교육을 만나다』, 박숙영, 좋은교사, 2014, 49~51쪽

회복적 성찰문 예시

회복적 성찰문	담임		부모님	
1. 무슨 일이 있었나요? (말, 행동 등을 누가, 언제, 어디서, 무엇을, 어떻게)				
2. 자신의 행동으로 가장 큰 영향(피해)을 받은 사람은 누구라고 생각하나요? (피해 초점)				
3. 자신의 행동으로 발생한 피해를 회복하기 위해 직접적으로 할 수 있는 일은 무엇인가요? (자발적 책임)				
4. 선생님과 주변(학부모, 반친구)에서 어떻게 도와주면 좋겠다고 생각하나요? (공동체 책임)				
5. 이번 일을 통해 배운 점(느낀 점)은 무엇인가요? (교육적 관점)				
2019년 ○○월 ○○일 이름 :				

3부

좋은 교육은 좋은 관계에서 시작된다

좋은 교육보다 좋은 관계가 먼저다

좋은 교육이란 무엇일까? 언뜻 생각하면 수업 중에 아이들이 딴짓을 하지 않고 교사의 수업 내용에 열중하도록 만드는 것이라고 생각할지도 모른다. 그래서 수업이 다소 엄숙하고 무겁게 진행되더라도 교사는 그것이 학생을 위한 것이라고 스스로 위안하며 자신의 생각대로 수업을 진행해나간다. 하지만 그것만으로는 좋은 교육이라고 말하기 어렵다. 좋은 교육을 한마디로 정의하긴 어렵지만, 교육의 어원을 살펴보면 좀 더 쉽게 접근할 수 있다.

교육(Education)이라는 말은 'educare'라는 그리스어에서 유래되었다. 'e(ex, 밖으로)'와 'ducare(끌어내다)'의 합성어로, 밖으로 끌어낸다는 의미를 가지고 있다. 이런 의미에서 좋은 수업이란 아이들에게 지식을 불어넣는 것이라기보다는 아이가 가진 잠재력을 최대한 이끌어내는 것이라고 할 수 있다.

교사가 수업을 꼼꼼히 준비하여 잘 가르치면 성공적인 교육을 했다고 생각하기 쉽지만, 정작 교육의 성패는 수업 이외의 부분에서 좌우되기도 한다. 많은 교사들이 교실 안에서 성공적인 교육을 하기 위해 수업기술을 고민하거나, 아이들의 흥미를 유발하는 여러 가지 방법을 생각하는 등 수업준비에 심혈을 기울인다. 하지만 성공적인 교육에 가장 필요한 것은 수업의 기술이 아니라, 아이들과 좋은 관계를 만드는 것이다.

아이들의 마음을 얻지 못하면 어떤 가르침도 아이들에게 스며들지 않는다. 좋은 교육은 좋은 관계에서 시작된다. 아이들과 관계가 좋은 교사의 수업은 활기차고 웃음이 넘친다. 그러나 교사와 학생들의 관계가 좋지 않으면 교사의 사소한 실수나 오해가 문제를 만들기도 한다. 교사와 학생 간의 관계가 좋다면 그러한 오해가 잘 생기지 않고, 실수나 오해로 생기는 일도 웃음으로 넘길 수 있는 여유가 존재한다. 아이들과 교사 간에 믿음과 신뢰가 있기 때문이다.

EBS에서 방영한 프로그램 〈학교란 무엇인가?〉에서도 수업보다는 관계가 먼저라고 했다. 바르게 성장하는 아이 뒤에는 반드시 친밀한 관계의 협조자가 있다. 학교에서 교사와 학생과의 친밀한 관계는 아이들을 끌어가는 가장 큰 힘이다. 관계가 좋으면 선생님의 실수도, 아이의 실수도 허용되지만, 관계가 좋지 않으면 사소한 실수라도 서로 용납하지 않는 분위기가 된다.

어느 경제연구소에서 한국의 최고경영자들에게 'CEO가 되는 과정에서 가장 결정적인 지능이 무엇이었나?'를 조사해 발표한 적이 있다. 조사 결과, '대인지능'이라는 답변이 1위로 나타났다.

교사로서 대인지능은 학생, 학부모, 동료 교사와의 관계에서 발휘된다. 아이의 현재 상태를 파악하고 상담과 소통을 통해 차분히 대화하면 좋은 관계를 이룰 수 있다. 학부모와의 관계도 마찬가지다. 전화나 인사, 칭찬이나 감사의 말은 학부모와의 관계를 친밀하게 하며, 동료 교사와의 관계에서도 배려와 격려, 위로와 칭찬의 말을 통해 좋은 관계를 유지할 수 있다.

> 사람을 변화시키는 것은 논리적인 설득이 아니라 감정이다. 그중에서도 상대방으로 하여금 인정받는다는 느낌, 존중받는다는 느낌을 갖게 하는 것은 대단히 중요한 문제다.
>
> – 양창순. 『당신 참 괜찮은 사람이야』, 센추리원, 2012, 63쪽

좋은 관계를 유지하기 위해서는 약점은 도와주고, 부족은 채워주고, 허물은 덮어주고, 비밀은 지켜주고, 실수는 감춰주고, 장점은 말해주고, 능력은 인정해주는 것이 중요하다.

또, 말의 기술도 필요하다. 긍정적인 언어를 사용하는 것이 부정적인 언어를 사용하는 것보다는 좋은 관계를 형성하는 데 효과적이라는 것은 모두가 알 것이다.

"수업 중에 떠들지 마!"라는 말보다 "수업 중에는 조용히 하면 좋겠구나."라는 표현이 아이들과의 관계를 부드럽게 만든다. 특히 잘못을 나무랄 때 비방이나 비난이 섞인 말을 하면 아이는 상처받게 되고, 관계가 멀어질 수밖에 없다.

물론 아무리 노력해도 교사와 관계가 좋아지지 않고, 잘 맞지 않는 아이도 있다. 어떤 말을 해도 삐딱하게 받아들여 교사를 힘들게 하기도 한다. 그와 달리 별다른 노력을 하지 않아도 교사와 잘 맞는 아이도 있다. 아이가 자신과 뭔가 잘 맞지 않는다고 생각된다 해도, 확대 해석하여 교사 자신이 아이들과 관계를 잘 맺지 못한다고 섣불리 괴로워하거나 자책할 필요는 없다. 오히려 가볍고 단순하게 생각하는 것이 아이들과 더 좋은 관계를 맺을 수 있는 방법이기도 하다. 인간관계에 있어서 교사의 노력과 힘만으로 변화시킬 수 없는 부분이 있다는 것을 받아들이는 자세도 필요하다.

좋은 교육은 좋은 관계에서 시작되므로 좋은 교육을 하고자 한다면 아이들과의 관계 형성에 힘써야 한다. 그리고 좋은 관계를 원한다면 다른 사람을 변화시킬 것이 아니라 자기 자신이 먼저 변화해야 한다.

학생은 수업을 받는 것이 아니라, 교사를 받아들인다.

– EBS 〈학교란 무엇인가〉 제작팀, 『학교란 무엇인가2』, 중앙books, 2011, 116쪽

이성보다는 감정이 사람을 움직인다

다음 두 글 가운데 어떤 글이 더 마음을 움직일 수 있을까?

1. 아프리카의 아이들은 매년 식량이 부족하여 수많은 아이들이 굶주림으로 죽어가고 있습니다. 특히 지난해 지진으로 인해 식량 부족으로 고통받는 아이가 더 많아졌습니다. 아프리카 아이들에게는 지금 당장 여러분의 손길이 필요합니다.

2. 아프리카 잠비아의 8세 아이 말리키는 오늘도 학교에 가지 못합니다. 당장 말리키가 돈을 벌지 못하면 가족이 굶게 됩니다. 여러분의 작은 도움으로 말리키가 학교에서 친구들과 뛰어놀며 공부할 수 있고, 가족들도 굶주림에서 벗어날 수 있습니다.

한 연구에 따르면 객관적 사실을 가지고 논리적인 글로 이성에 호소하는 것보다 감정을 나타내는 글을 읽고 기부에 동참한 비율이 2배 이상 높았다고 한다. 사람을 움직이는 방법으로는 이성보다 감정이 더 많은 영향을 준다는 것을 알 수 있다.
교실 속 아이들도 마찬가지다. 교사의 논리적인 말보다는 아이를 이해하는 따뜻한 감정이 담긴 말이 아이의 마음을 움직일 수 있다.

관계를 망치는 네 가지 독(毒)

1. 비난

비난할 때는 보통 주어가 '너'이다.

→ "너는 도대체 하는 짓마다 말썽을 피우니?"

　"너는 왜 이렇게 맨날 학교에 늦게 오니?"

2. 방어

비난이나 공격에 대해 자기를 보호하기 위해 방어를 한다.

　"너는 도대체 왜 하는 짓마다 말썽을 피우니?"

→ "내가 언제 맨날 말썽을 피웠나요? 왜 저만 혼내세요?"

3. 경멸

경멸의 저변에는 긍정적인 면보다 부정적인 면을 보는 경향이 있다.

"어쭈! 네가 공부를 다 하냐?"

4. 담 쌓기

같은 교실 안에 있어도 없는 사람 취급을 하는 것이다. 하루 종일 눈도 마주치지 않고, 대화를 하지도 않는다.

"아휴, 지겨워! 또 시작이네."

하는 마음을 속으로 갖게 된다.

－ 최성애, 『나와 우리 아이를 살리는 회복탄력성』, 해냄, 2014, 200~202쪽.

경청, 최고의 대화 기술

대화는 상호작용이다. 주는 것이 있으면 받는 것이 있어야 하고, 받는 것이 있다면 주는 것이 있어야 한다. 그런데 말을 많이 하고, 자기 생각만 하며, 자기감정에만 빠져 있을수록 남의 말을 덜 듣게 된다.

상대방과 대화를 잘 하려면 먼저 잘 들어야 한다는 말을 많이 들어보았을 것이다. 조리 있게 말을 잘하는 사람은 대체로 듣는 습관도 좋은 사람들이다. 또 많이 알고 성숙한 사람은 대체로 말을 쉽게 하지 않는다.

다른 이의 말을 들을 때도 건성으로 듣기보다는 맞장구를 치거나 공감하면서 듣는다면 대화가 훨씬 수월하다. 또한 아이들이 교사에게 전하는 말의 속뜻까지 생각하는 맥락적 경청을 한다면 듣기에서도 높은 수준에 이른 것이다.

경청(傾聽, 기울 경, 들을 청)이란 귀 기울여 듣는다는 뜻이다. 상대의 말을 듣기만 하는 것이 아니라 상대방이 전달하고자 하는 말의 내용은 물론, 그 내면에 깔려 있는 동기나 정서에 귀를 기울인다면 최고의 대화가 된다.

경청이 중요한 이유는 상대에게 존중받는 느낌을 줄 뿐만 아니라 마음을 열게 하고 마음의 상처를 치유하는 효과를 가지고 있기 때문이다. 따라서 경청만 잘 해도 대화를 잘하는 사람이 될 수 있다.

1-2-3 화법이라는 것이 있다. 1번 말하고, 2번 들어주고, 3번 맞장구쳐주라는 뜻이다. 한편으로는 1분 이내로 간략하게 핵심만 말하고, 2분 이상 상대의 말을 끊지 말고 들으며, 3번 이상 공감대를 형성하며 맞장구치라는 뜻으로 해석하기도 한다. 그만큼 대화에서는 말하는 것보다 경청하는 자세와 공감하며 듣는 것이 중요하다는 뜻이다.

래리 바커와 키티 왓슨은 『마음을 사로잡는 경청의 힘』(이아소, 2013)이라는 책에서 상대와 이야기할 때 도움이 되는 5가지 비결을 제시했다. 그 비결은 아래와 같다.

1. 아이들이 이야기할 때, 그들과 시선을 맞춰라

이야기를 들을 때, 부드러운 눈으로 아이들을 바라보며 관심을 표현하라. 가능하면 아이의 얼굴을 바라보며 아이의 말에만 귀를 기울여라.

교실에 있다 보면 아이들은 교사에게 끊임없이 말을 걸어온다. 가끔은 바빠서 눈은 컴퓨터 모니터를 보면서 아이의 말을 듣는 경우가 있는데, 대화할 때 가장 중요한 것은 상대방과 시선을 마주치는 것이다. 상대방의 말을 듣는 행위는 어쩌면 매우 피곤한 일이지만, 대화를 잘하려면 무엇보다 먼저 상대방의 말을 잘 들어줘야 한다.

2. 아이들이 뭔가 말하려고 할 때는 참고 기다려라

아이들의 머릿속은 새로운 단어들로 가득 차 있다. 생각을 문장으로 표현하기 위해서는 시간이 걸린다. 감정적인 문제일 경우에는 시간이 더 걸린다. 가령 미술시간에 친구의 작품을 보고 느낀 점을 이야기하라고 하면

"이 그림을 보고 어떤 느낌이 들었는지 민호가 말해볼까?"

"……."

이렇게 바로 대답이 나오지 않는 경우가 많다. 그러므로 최소 3~5초 기다리고,

"민호가 아직 생각이 정리되지 않았나 보구나. 그렇다면, 혹시 누가 그림을 보고 느낀 점을 말해볼까?"와 같이 이끌어갈 수 있다.

3. 주의를 산만하게 하는 것을 제거하라

다른 업무를 하고 있었더라도 컴퓨터 화면에서 시선을 떼고, 주의를 산만하게 하는 것을 없앤 다음 아이의 말에 주의를 집중한다. 아이의 말을 충분히 들어주되, 대화 중에는 짧게 핵심만 전달해야 한다. 서

론이 너무 길면 듣는 사람도 집중할 수 없고 말하는 사람도 지친다.

4. 당신의 반응이 어떤 영향을 미칠지 생각하라

아이들은 어른들의 반응, 하다못해 비언어적 반응에도 아주 민감하다. 말투, 표정, 찡그림, 미소 등은 아이가 어른의 메시지를 해석하는 데 영향을 미친다. 앞에서 말한 바와 같이 대화에 있어서 언어로 이루어지는 소통은 불과 7% 정도밖에 되지 않는다고 한다. 말 이외에 표정, 몸짓, 억양 등 비언어적으로 이루어지는 소통이 93%를 차지한다.

세계적인 대화의 여왕 오프라 윈프리는 상대의 말에 공감하는 자세를 강조했다.

"정말 힘드시겠습니다. 당신에 비하면 제 고통은 아무것도 아니었습니다."

"당신도 나와 같은 아픔이 있었군요."

"나도 당신이 겪는 고통을 알고 있어요."

이와 같이 공감하며 말하는 것은 상대에게 용기를 준다.

5. 질문을 통해 관심과 흥미를 보여주라

질문은 관심과 걱정을 나타낸다. 짧고 간단하게 질문하라. 이렇게 질문을 하면 아이들이 듣기 기술을 습득하는 데에도 도움을 줄 수 있다.

특히 관심을 표하면서 상대방이 고생했던 이야기를 물어보면 상대를 알아주고 공감하는 계기가 될 수 있고, 대화가 더욱 깊어질 수도 있다.

어떤 주제로 대화를 할지 고민이라면 다음과 같은 소재를 생각해보자. 모든 사람과 원활하게 이야기를 나눌 수 있을 만한 소재들이다.

여행, 즐거운 일, 자동차, 취미, 고향, 유행, 친구, 학교, 직장, 스포츠, 가족, 먹을거리, 맛집, 건강, 요리, 집, 거주지 등

듣는다는 것은 말하는 것 이상으로 엄청난 에너지가 필요한 일이다. 남의 말에 귀를 기울이는 것은 신체적, 감정적, 지적 에너지를 소모하는 일이기 때문이다. 따라서 효과적인 대화를 나누려면 상대방의 말을 경청할 에너지가 충분해야 한다.

어떤 교사의 하루를 예로 들어보자. 이 교사는 어제 늦은 밤까지 이어진 회식으로 몸이 좋지 않은 상태이다. 그런데 아침에 아파트에서 자동차를 몰고 나오다가 지하주차장 기둥에 자동차가 살짝 긁혔다. 학교에서도 전날 처리하지 못한 공문을 작성하느라 쉬는 시간에도 쉬지 못하고 일을 하고 있었는데, 아이들이 교실에서 뛰어 다니다가 그중 한 아이가 책상에 걸려 넘어져 다리를 다쳐서 보건실에서 치료를 받았다. 점심시간에는 식판을 들고 가다가 국이 넘쳐 손을 덴 아이도 있었다. 오후 수업이 끝난 뒤에는 교육과정위원회에서 학교교육과정 수정을 위한 협의가 계속되었다. 게다가 오전에 정신없이 보낸 공문 내용이 잘못되었다고 다시 보내달라는 전화를 받았다. 그 뒤에는 학부모에게서 전화가 왔는데, 어제 자기 아이에게 반 친구들 여러 명이 물총으로 장

난을 치면서 그것을 동영상으로 찍어 유튜브에 올렸는데, 학교폭력으로 대처해야 되지 않겠느냐는 내용이었다.

이렇게 하루 종일 많은 일들로 시달려 신체적·감정적 에너지가 고갈된 상태에서 학부모 상담이 예정되어 있다면 과연 이 교사는 효과적인 대화를 할 수 있을까?

신체적·감정적 에너지가 낮으면 초조함과 흥분감이 높아진다. 피곤할 때 남의 말에 귀를 기울이는 것이 얼마나 어려운지는 굳이 설명하지 않아도 모두가 알 것이다. 이럴 때는 상대방의 말을 성의 없게 듣기 쉽다. 귀 기울여 들을 여력이 없기 때문이다. 그렇다고 해서 상대의 말을 성의 없이 듣는 일이 반복되면 좋은 관계가 유지되기 어렵다.

대화는 상대에게 얼마나 말을 잘 하느냐의 문제가 아니다. 상대의 말을 얼마나 잘 들을 수 있느냐 하는 것이 대화의 시작이다. 이것이 경청이 중요한 이유다. 에픽테토스는 이렇게 말했다.

"신이 인간에게 한 개의 혀와 두 개의 귀를 준 것은 말하는 것보다 타인의 말을 두 배 더 들으라는 이유이다."

말하기 전에 먼저 상대의 말에 경청하자. 상대는 나에게 답을 구하기보다는 그저 단지 들어줄 사람이 필요했을지도 모른다.

"최고의 대화방법은 듣는 것이다."

– 스테판 M. 폴란

아이의 말을 적극적으로 경청하는 방법

1. 아이의 얼굴 바라보며 듣기
이야기하는 아이의 얼굴을 바라보는 것은 아이에게 자신이 하는 말을 잘 듣고 있다는 느낌을 준다.

2. 아이의 말에 공감하며 듣기
아이의 말에 고개를 끄덕이거나 맞장구를 치는 등 적절한 반응을 하면서 들으면 아이의 말에 공감하고 있다는 것을 보여줄 수 있다.

3. 아이의 말에 질문하면서 듣기
이야기를 들으면서 질문하는 것은 말하는 사람에게 그 사람의 말을 지속적으로 잘 듣고 있다는 것을 적극적으로 표현하는 것이다.

4. 아이가 말한 것을 다시 말하면서 듣기
아이와 대화를 이어가면서 "아까 네가 말했듯이~", "아까 네가 말한 것과 같이 ~", "아까 했던 그 얘기는~"과 같은 표현을 하면 아이의 말을 아주 잘 듣고 있다고 증명하는 것과 같다.

감탄도 소통이다

　수업 중에 교사가 간단한 마술을 하면 아이들은 "와아~" 하고 좋아하며 반응한다. 또 요즘 아이들이 사용하는 말을 선생님이 사용해도 "헐……, 이거 실화냐?" 하며 교실은 웃음바다가 된다.

　이처럼 아이들은 작고 사소한 일에도 쉽게 감탄하고, 웃음을 터뜨린다. 그러나 많은 이들이 어른이 되면서 점차 감탄하는 능력을 잃어버린다. 어른들은 별로 감탄하지 않는다. 어떤 일이든 대부분 무심하게, 당연한 것으로 받아들인다. 쉽게 감탄하는 것을 경박하게 보인다고 생각하기도 한다. 남들의 시선을 신경 쓰고, 괜한 체면을 지키며 감정을 자제하는 것을 미덕으로 생각한다. 세상만사 모든 일을 그저 그런 당연한 것으로 받아들인다.

　하지만 교실은 재미있는 곳이어야 한다. 아이들은 언제든 웃을 준비가 되어 있다. 감탄과 호기심, 웃음이 없는 교실은 얼마나 재미없을까?

좋은 수업은 아이들이 '아하!' 하고 자신도 모르게 감탄하는 수업이다. 아이들의 감탄에 수업하는 교사도 신이 난다.

아이들도 마찬가지다. 아이의 행동에 교사가 호응을 보이면 아이들은 저절로 성장한다. 아이들은 교사의 감탄과 호응을 먹고 자라기 때문이다. 행복한 일이 있어서 웃기도 하지만, 웃으면 행복이 온다는 말처럼 감탄할 일이 없더라도 일부러라도 감탄을 하면 감탄할 일이 생긴다.

아이들의 사소한 일에도 감탄을 해보자! 그러면 정말로 감탄할 일이 생긴다. 교사가 아이들을 보고 감탄하면 아이들도 교사에게 감탄하게 된다. 웃음이 전염되듯 감탄도 전염된다.

"우와! 어떻게 이렇게 조용하지? 선생님이 잠깐 교무실에 갔다 왔는데 우리 반에 아무도 없는 줄 알았다. 너무 조용해서 놀랐다."

그렇게 사소한 일에 감탄을 표현하면 그 다음에 혹시 교사가 자리를 비울 일이 있을 때에도 아이들은 스스로 조용히 할 것이다.

"우와! 어쩜 이렇게 교실이 깨끗하지? 교실에 휴지 하나 없네."

"이야! 어쩜 이렇게 사물함 정리를 잘하지?"

이러한 감탄은 아이들을 긍정적으로 움직이게 만든다. 야구든 축구든 홈경기에서 선수들이 더 잘하는 이유는 바로 관중들의 감탄과 응원, 함성이 있기 때문이다. 반면, 교사에게 칭찬받을 만한 행동을 했는데도 교사가 별 반응이 없다면 아이는 맥이 빠져버린다.

심리학자 김정운 교수는 감탄하는 능력은 인간만이 가진 독특한 능력이라고 말했다. 대부분의 동물은 태어나서 얼마 되지 않아도 스스로 걷고 뛸 수 있다. 그래서 부모가 감탄할 일이 없다. 하지만 인간은 다르다. 인간은 태어나서 스스로 할 수 있는 일이 많지 않다.

"아이고, 우리 아기 웃었어?"

"아이 예뻐, 벌써 옹알이를 하네?"

"옳지, 옳지, 잘 걷는다."

아이는 부모의 반응을 보면서 자란다. 자신의 작은 행동에 부모가 감탄사를 연발하며 좋아하는 모습을 보고 아이는 더 잘하려고 애쓰면서 성장하게 된다.

교실에서도 마찬가지다. 아이들의 말과 행동에 대한 교사의 감탄과 리액션은 교사가 소통과 공감을 위해 노력하고 있다는 것을 말해준다. 그리고 이런 소통과 공감이 아이들과의 관계를 좋게 만든다.

교사는 끊임없이 아이들을 하나하나 지도해야 하는 직업이다. 아이들은 아직 어리기 때문에, 시행착오와 반복을 통해 배우는 것이 당연하다. 그런데 교사가 충분히 기다려주지 못하는 경우도 있다.

"아까 이건 이렇게 하면 된다고 했지!"

"그건 그렇게 하면 안 된다고 했는데 왜 그랬니?"

이런 감정표현은 아이에게 도움이 되지 않는다. 화를 내기 전에 아이를 이해해주는 마음이 중요하다.

"아하, 너는 이렇게 생각하고 있었구나!"

"아, 너는 이렇게 하고 싶었던 거구나!"

이런 감탄과 공감은 아이와 소통하는 데 도움이 된다.

교실에서 나는 아이들에게 과연 얼마나 감탄하고 있는지 생각해보자. 교사에게는 아이의 작은 행동에도 감동할 줄 알고, 감탄할 수 있는 능력이 필요하다.

아이들에게 감탄하려고 노력해보자.

감탄은 공감이고 소통이다.

감탄과 리액션은 또 다른 공감능력

MBC의 간판 예능 프로그램인 〈무한도전〉에서 예전에 '무한상사'라는 코너를 방송한 적이 있다. 무한상사의 유재석 부장은 직원들 간의 소통을 위해 '그랬구나' 게임을 제안했다. 상대가 어떤 말을 해도 무조건 '그랬구나'를 외치면서 서로에 대해 이해하는 게임이었다.

"그랬구나", "정말?", "오호, 그래?" 이런 짧은 감탄이 섞인 반응은 말하는 상대의 기분을 좋게 하고, 신나게 한다.

이러한 감탄과 함께 작은 리액션을 첨가하면 상대의 이야기를 잘 듣고 있다는 것을 표현할 수 있다. 감탄으로 이야기를 잘 들어주고, 리액션으로 호응해주는 사람을 싫어할 사람은 없다. 단, 감탄과 리액션이 너무 과하거나 기계적이라면 역효과가 발생할 수도 있다.

□ "그랬구나" 화법 연습하기

　나는 ＿＿＿＿＿＿ 하는 것이 싫어요.

　→ ㅇㅇ이는 ＿＿＿＿＿＿ 하는 것이 싫었구나.

　나는 ＿＿＿＿＿＿ 하는 것이 화가 나요.

　→ ㅇㅇ이는 ＿＿＿＿＿＿ 하는 것 때문에 화가 났구나.

　저는 ㅇㅇ이가 축구 못 한다고 말하는 게 싫어요.

　→ ㅇㅇ이는 축구를 못 한다는 말이 싫었구나.

상대의 말을 따라 하면서 공감하는 말로 아이의 감정을 수용해준다. 그러면 말하는 아이의 격한 감정도 어느 정도 사라지게 된다.

웃음과 재미는 교사의 강력한 무기

교사들끼리 농담 삼아 하는 말이 있다.

"학교에서 가장 듣기 싫은 소리는 옆 반 아이들의 웃음소리다."

라는 것이다.

우리 반은 아이들이 말을 잘 안 들어서 웃음도 없이 분위기가 싸늘한데, 옆 반에서는 항상 웃음소리가 들려온다. 처음엔 대수롭지 않게 생각하다가도 자주 그런 상황이 일어나면 은근히 스트레스를 받는다.

'왜 옆 반은 웃음소리가 끊이지 않고 행복할까?'

'그렇게 매일 재미있는 일이 있는 걸까?'

'왜 우리 반은 웃음이 없을까?'

한편 운전할 때 조수석에 앉아 있는 사람이 하품을 하면 운전하는 사람도 졸린다는 이야기가 있다. 마찬가지로 한 사람이 웃으면 옆에 있는 사람에게도 웃음이 전달된다.

감정도 전염된다는 흥미로운 사례가 있다.

빅토리아 호수 근처 부코바의 한 선교단체 여학교 기숙사에서 갑자기 '웃음병'이 번져나갔다. 웃음을 잘 참지 못하는 이 현상은 점차 주변 사람들에게 퍼져나가, 한번 시작된 웃음이 몇 분에서 몇 시간까지 계속되기도 했다. 마케레레 대학의 랭킨 교수와 부코바 보건소장 필립은 웃음이 지속되는 사람들에 대해 여러 가지 검사를 했지만 원인을 밝힐 수 없었다.

니컬러스 크리스태키스와 제임스 파울러는 이러한 현상의 원인을 사회적 연결망, 즉 소셜네트워크에서 찾고자 했다.

1971년부터 2003년까지 총 1만 2,067명을 연구한 결과 인간은 감정뿐만 아니라 생활, 건강, 정치, 종교, 문화, 심지어 성적 취향에까지 사회적 관계가 영향을 미친다는 것을 알게 된 것이다.

이들은 연구 결과 내가 행복하면 내 친구가 행복할 확률은 15% 높아지고, 친구의 친구가 행복할 가능성은 10% 증가하며 그 친구의 친구가 행복할 가능성은 7%로 확산된다는 것을 밝혔다. 즉 내가 행복해지면 친구가 행복해지고, 그 친구가 행복해지면 그 친구의 친구가 행복해지는 등 모두가 영향을 받는다는 것이다. 그리고 이를 활용하면 개인의 행복을 통해 사회 전체가 행복해질 수 있다고 했다.

교실에서 아이들과 함께 웃고 재밌는 동영상을 보자. 처음에는 괜히 어색해서 잘 웃지 않을 수도 있다. 그러다 한 아이가 크게 웃으면 그 웃음에 다른 아이들도 모두 따라 웃게 된다. 웃음도 습관이고 연습이어서, 많이 웃어봐야 자주 웃을 수 있다. 억지로 웃어도 우리 뇌는 실제로 우스워서 웃는 것과 똑같이 받아들여서, 비슷한 효과가 있다고 한다. 그리고 사람은 누구나 잘 웃고 행복해 보이는 사람 가까이에 있고 싶어 한다. 그러므로 자주, 많이 웃으면 복이 오고, 웃는 교사에게는 아이들이 온다.

"나는 요즘 너무 힘들어. 좋은 일이라고는 하나도 없어. 학생들도 나를 싫어하는 것 같고, 학교생활이 너무 지겨워."

이렇게 하소연하고 학교생활에 불만족인 교사가 있다고 하자. 투덜대는 사람, 불평불만을 늘어놓는 사람 옆에 있고 싶은 사람은 없다. 그러므로 많이 웃을수록 아이들, 동료 교사와 함께할 기회를 더 많이 얻을 수 있고, 이는 학교생활에 대한 만족으로 이어질 것이다.

웃음의 또 다른 힘은 공감과 소통을 쉽게 만든다는 것이다. 그러므로 교사의 웃음은 아이들과의 튼튼한 공감을 만들고, 차가운 교실 분위기를 화사한 봄날로 바꿀 수 있다. 웃음과 미소는 항상 아이들 앞에 서는 교사가 가질 수 있는 강력한 무기이다. 또한 웃으면 행복을 공유할 수 있다. 다른 사람과 함께 웃으면 혼자 웃는 것보다 33배 이상의 효과가 있다는 이야기도 있다.

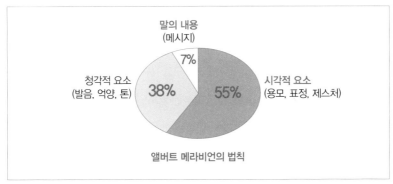

말의 내용
(메시지)

7%

청각적 요소
(발음, 억양, 톤)
38%

55%

시각적 요소
(용모, 표정, 제스처)

앨버트 메라비언의 법칙

소통에서 언어와 그밖의 요소가 차지하는 비중

심리학자이자 UCLA대학교 명예교수인 앨버트 메라비언의 연구에 따르면 언어적 소통은 불과 7% 정도밖에 되지 않는다고 한다. 마음을 읽고 소통한다는 것은 이렇게 공감으로 비언어적 소통을 한다는 것이다. 표정, 몸짓(시각 55%), 액센트, 목소리(청각 38%) 등 비언어적 소통이 93%를 차지한다. 따라서 선생님이 "오늘 기분이 안 좋구나."라고 말하지 않아도 아이들은 선생님의 표정이나 몸짓만 봐도 알 수 있다.

어린 아기를 보고 엄마가 웃으면 아기도 따라 웃는다. 교실에서도 마찬가지로 교실에서도 교사가 웃으면 아이들도 웃는다. 행복은 전염되는 것이고 내 주위 사람, 더 나아가 내 주위의 주변 사람까지 행복해진다는 사실을 알고 있다면, 교사가 먼저 행복해지는 방법을 찾아야 한다. 그리고 아이들 앞에서 많이 웃어야 한다. 아이들과 함께 웃는다는 것은 정서를 공유한다는 것이다. 정서적 공유가 있으면 소통이 잘 될 수밖에 없다. 때로는 정서적 공감이 대화보다 앞서기도 한다.

함께 웃을 수 있는 재미있는 교사는 아이들과의 소통도 더 쉽다. 또, 재미는 공유하는 것이기 때문에, 교사가 재미있으면 아이들도 재밌어진다. 코미디 프로그램인 〈개그콘서트〉를 혼자서 보면 재미가 하나도 없지만, 같이 보는 사람이 있으면 함께 웃으면서 재미있게 보게 된다. 요즘에는 예능 프로그램을 보면 시청자가 웃을 만한 장면에 웃음소리를 삽입하고, 재밌는 자막을 넣는 것을 볼 수 있다. 삽입된 웃음소리는 함께 웃음을 공유한다는 느낌을 줘서 보는 사람을 더 웃게 만든다.

교사의 웃음과 재미는 행복한 교실을 만들어낸다. 아이들이 행복한 교실보다 더 좋은 교육이 어디 있을까? 교사의 웃음은 교실 속 아이들을 웃게 하고 행복하게 한다.

거울 속의 나는 절대 먼저 웃지 않는다. 내가 웃어야 거울 속 나도 웃는다. 마찬가지로 교사가 먼저 웃으면 아이들도 따라 웃게 된다.

"세상에서 가장 가난한 사람은 미소 지을 줄 모르는 사람이다."

– 지그 지글러

웃으면서 말하는 법 실전 훈련

이 실전 훈련은 거울을 보면서 해야 한다. 그러므로 욕실이나 침실, 또는 거울이 있는 장소에서 하는 것이 좋다. 앞으로 5일 동안 매일 5분이나 10분 정도 웃으면서 말하는 연습을 하라. 다음의 사항을 조금씩 함께 병행하면서 연습하면 좋다.

1. 작게 소리 내어 웃어라. 아주 가벼운 웃음소리가 목소리에 섞여 함께 나오도록 한다.
2. 눈썹을 약간 올리고 눈을 크게 뜬다.
3. 살짝 고개를 끄덕인다.
4. 약간 빠른 리듬으로 말한다.

이런 방식으로 말하는 게 편해지면 다른 사람과 이야기할 때 이따금씩 실행해보라. 이때 상대방에게 이런 사실을 말할 필요는 없다. 그냥 웃고, 고개를 끄덕이고, 작게 소리 내어 웃고, 조금 빨리 말하고, 눈썹을 올려라. 그러면 다른 방식으로 사람들과 관계를 맺고, 우리에게 찾아올 기회의 내용도 달라질 것이다.

— 앤디 앤드루스, 『폰더 씨의 실천하는 하루』 세종서적, 2008, 194쪽

교사의 감정 과부하 : 화, 분노, 그리고 짜증

교사라면 아마도 누구나 학교에서 교직원 간에 사소한 말다툼을 하다 화를 내고는 금세 후회를 한 적이 있을 것이다. 같은 상황이거나 더한 상황에서도 항상 온화한 교사를 보면 마음속에 부처가 들어 있나 싶어 존경스럽고, 나도 다음부터는 절대로 화를 내지 말아야지 하고 다짐한다. 그렇지만 비슷한 상황이 발생하면 또 다시 화를 내게 된다.

교실에서 아이들과 함께 하루 종일 생활하다 보면 항상 재미있고 좋은 일만 있는 것이 아니다. 종종 화가 나는 상황이 일어나기도 한다. 물론 화를 내는 것이 좋지 못하다는 것은 잘 알고 있고, 더욱이 아이들에게 화를 내는 것은 교육적이지 못하다고 생각한다. 그런데 정말로 화를 전혀 내지 않는 것이 좋은 것일까?

분노(忿怒)라는 감정은 삶에서 일어나는 자연스러운 느낌 중의 하나지만, 예로부터 화를 내는 것은 좋지 못하다는 인식이 널리 퍼져 있다. 화를 내는 사람은 인격이 성숙하지 못한 것이라고 배워왔기 때문이다. 그러나 상대에게 어떤 자극이나 위협을 받거나, 부당한 대우를 받는다면 화가 나는 것이 당연하다. 마음속에서 일어나는 분노를 무조건 부정하기보다는 자신과 상대의 마음에 상처가 되지 않는 선에서 적절히 표현하는 방법을 알아야 한다.

화는 인간의 자연스러운 감정이다. 교사뿐만 아니라 아이들도 자신이 부당한 대우를 받는다고 생각하면 화가 나는 게 어쩌면 당연한 일이다. 그러므로 자신의 감정을 억누르거나 화가 난 것에 대해 부정하는 것만으로는 해결이 어렵다. 그렇게 하기 보다는 상대의 감정을 최대한 건드리지 않으면서 자신의 감정을 표현하는 게 좋다.

만일 교실에서 아이들에게 사소한 일로 화를 내고 있다면, 그 교사에게 과부하가 걸려 심리적으로 힘든 상태라는 증거일 것이다. 마음속에 화가 생기면 표현을 해서 어느 정도 배출해야 하지만, 표현되지 못한 화는 부정적인 에너지로 쌓이게 된다. 그러다가 처리해야 될 업무가 너무 많거나, 자신이 감당하기 어려운 일이 주어지면 주변 사람들에게 쉽게 화를 내게 된다. 그런 상황이 반복되면 화를 내는 자기 자신은 물론이고 주위의 사람들도 피곤해진다.

한편 화는 자신의 욕구가 채워지지 않아서 생겨나기도 하는데, 화가 난 상태에서 하는 말과 행동은 그 욕구가 충족될 가능성을 더 낮아지게 만든다.

보통 화를 내는 사람은 자신이 옳고 상대가 틀렸다고 생각하며 자신에게 스스로 정당성을 부여한다. 만일 상대가 옳다고 인정하게 되면 화를 낼 일도 줄어들 것이다. 그렇지만 사실 화나 분노는 대개 남의 잘못에서 비롯된다기보다는 자신의 비판적인 생각에서 생겨나는 경우가 많다.

급식실에서 식판을 엎은 아이가 있다고 하자. 같은 상황에서도 화를 내는 선생님과 화를 내지 않는 선생님이 있다. 아이가 부주의하게 행동했다고 생각하는 교사는 화를 내지만, 아이가 놀랐을 거라고 측은하게 생각하는 교사라면 화를 내지 않을 것이다. 결국 분노는 교사의 머릿속에서 아이에 대해 비난하는 마음이 있기 때문에 일어나는 것이다. 똑같은 상황이 일주일 후에 다시 일어난다면 그때는 화를 내지 않을 수도 있다.

또 다른 상황을 생각해보자. 반 아이가 맡은 청소구역이 전혀 청소가 되어 있지 않고, 그 아이가 오히려 청소하는 아이들을 방해하고 다니는 모습을 보면서 '어떻게 자신이 맡은 구역을 청소하지 않고 장난만 칠 수 있지?', '자기 책임을 회피하는 이기적인 아이구나!'라는 생각으로 아이를 비난하게 되면, 순간 화가 나고 분노가 치밀 것이다. 그러나 만약 같은 상황이라도 청소를 하지 않은 아이가 평상시에 너무나 모범적인 아이였다면 화를 내지 않을 수도 있다.

결국 상대의 말이나 행동은 분노를 일으키는 계기가 될 수는 있지만 원인은 아니다. 분노의 원인은 바로 비판적인 생각을 하는 자기 자신에게 있다. 결국, 아이의 말과 행동보다는 아이에 대한 교사의 생각이 화를 가져오는 것이다.

교사는 자신의 감정을 다스릴 줄 알아야 한다. 순간적인 화나 분노를 다스리지 못해서 지나친 말이나 행동을 하게 되면, 그로 인해 벌어진 아이들과의 관계는 돌이킬 수 없음을 경계해야 한다.

화를 내는 이유

허용할 수 있는 범위
그럭저럭 허용할 수 있는 범위
허용할 수 없는 범위

쉽게 화내는 사람
– 그럭저럭 허용할 수 있는 범위가 좁다.

허용할 수 있는 범위
그럭저럭 허용할 수 있는 범위
허용할 수 없는 범위

쉽게 화내지 않는 사람
– 그럭저럭 허용할 수 있는 범위가 넓다.

보통 사람이 타인에게 화를 내는 이유는 각자만의 '～해야 한다.'는 가치관 때문이다. 자신이 당연하게 여기는 일을 상대방이 중요하게 생각하지 않거나 자신의 가치관과 반대로 행동하는 사람을 보며 이해가 안 되고 화가 나기도 한다.

– 중략 –

업무에서 일어나는 이런 온갖 짜증이나 말다툼은 전부 가치관이 대립하는 일이다. 여기에서 자신의 주장이 강한 사람일수록 누군가에게 분노를 느낄 때가 많고 화가 커진다. 하지만 모든 사람이 내가 원하는 바를 충족해 줄 수는 없다. 쓸데없이 화내지 않으려면 그냥 넘길 수 없는 일은 무엇인지 찾아보고 허용할 수 있는 범위를 넓혀야 한다.

① 허용할 수 있는 범위: 갈등 없이 받아들일 수 있다.

② 그럭저럭 허용할 수 있는 범위: 자신은 이렇게 해야 한다고 생각하지만 상대방이 그렇지 않더라도 넘어갈 수 있다.

③ 허용할 수 없는 범위: 가치관을 이해하지 못하면 허용할 수 없다.

– 안도 슌스케, 『화내서 될 일이 아닙니다』, 유노북스, 2018, 54～56쪽

수업, 가르침에서 배움으로

수업공개는 꼭 해야 할까? 이런 질문을 받는다면 나는 주저 없이 그렇다고 말하고 싶다.

수업은 학생들의 배움을 돕는 일이다. 교사가 수업을 했는데 학생들에게 배움이 일어나지 않았다면 수업을 했다고 할 수 없다. 수업에 방해가 되지 않는다면 동료 교사, 학부모 등에게 수업을 공개하는 것은 좋은 일이다. 당장 수업 준비로 바빠지고, 수업 협의가 부담이 되겠지만, 결국 교사 자신의 수업 능력 향상에도 도움이 된다. 교사 경력이 올라가는 것만큼 수업 역량이 크게 향상되면 좋겠지만, 수업 역량이라는 것이 교사의 경력에 반드시 비례하지는 않는다. 학교에서 동료 교사와 수업에 대해 협의하고 연구하는 활동이 잘 이뤄지지 않아서 경력 5년차 교사나 경력 20년차 교사의 수업이 별반 다르지 않게 느껴지는 경우도 있다. 학부모들은 시대의 흐름을 따라가지 못하고 예전의 방식으로 수업하는 경력 많고 나이 든 교사보다, 경력이 적어도 열정적이고 새로운 수업 모델을 적용하는 젊은 교사를 오히려 선호하기도 한다. 개업한 지 얼마 되지 않고 최신식 설비를 갖춘 짜장면 집과 손으로 직접 뽑는 면을 제공하는 20년 경력의 짜장면 집이 있다고 하자. 아마도 많은 이들이 20년 내공이 있는 수타 짜장면 집을 선택할 것이다. 게다가 경력이 20년 된 노련한 주방장이 유리로 된 창을 통해 안이 훤히 들여다보이는 곳에서 면을 뽑고 있다면 선택의 여지는 없다. 그런데 이렇게 다른 직종처럼 교사도 경력의 권위를 인정받는 것이 어려운 일일까? 학교에서도 수업 경험이 많은 선배 교사가 신규 교사를 위해 언제든 수업을 공개하고 수업의 멘토 역할을 하면 어떨까?

현재 우리의 수업은 굉장히 폐쇄적이다. 교사가 하는 업무 중 가장 공적(公的)인 업무인 수업이 오히려 교사의 가장 개인적인 영역으로 간주되고, "내 수업은 내가 알아서 한다."라는 식으로 반응하는 교사도 많다. 그래서 다른 교사의 수업을 보고 싶어도 특정한 날 이외에는 보기 힘들다. 특히 경력을 쌓은 선생님의 수업을 보는 것은 더욱 쉽지 않다. 수업에 대한 논의를 하는 것도 수업자나 참관자 모두 불편한 것이 사실이다. 참관자 입장에서는 흡족하지 못하고 논의가 필요하다고 생각되는 수업을 봤을 때도, 예의상 "공개수업을 준비하시느라 고생 많으셨습니다. 좋은 수업 보여주셔서 감사합니다."라고 말하는 것이 보통이다. 수업을 보고 이렇다 저렇다 말하는 것이 교권을 침해한다고 생각하기 때문이다. 이런 분위기 때문에 수년간 수업을 해도 학생들의 배움을 돕는 능력이 크게 향상되지 않은 교사들도 있다.

교사들은 '수업에는 왕도가 없다.'라는 말을 자주 하곤 한다. 이 말은 좋지 못한 수업에 대해 면죄부를 주는 말이 아니다. 다양한 방법으로 교육의 본래 목적을 달성할 수 있다는 의미다. 그러나 좋은 수업에는 왕도가 없을지 모르지만 분명 배움을 망치는 수업도 있다.

학교는 공교육을 담당하는 공적인 기관이다. 그 안에서 행해지는 수업 역시 공적인 영역이다. 교사가 수업을 사적인 영적으로 생각하고 누구도 자신의 수업에 대해서 말할 수 없다는 생각을 갖고 있으면 더 이상 그 교실에서는 배움이 일어나기 어렵다. 그러나 수업은 교사 혼자서는 바꾸기 힘든 부분이기도 하다. 교사들을 비롯해 교육공동체의 구성원들 모두가 함께 고민하면서 더 좋은 수업을 만들기 위한 방안을 모색해야 한다.

수업의 변화를 위해서는 무엇보다 관리자가 아닌 교사들이 앞장서야 한다. 수업을 거의 하지 않는 관리자가 변화를 주도하면 교사들의 반응이 좋지 않을 수밖에 없다. 특히 수업공개를 담당하는 연구부장이나 교무부장, 수석교사 등 학교의 중견교사가 먼저 앞장서서 수업의 변화를 이끌면 후배 교사들 사이에서도 변화가 일어날 것이다.

전주교육대학교의 천호성 교수는 좋은 수업이란 학생들의 의욕에 불을 지피는 것, 인간을 성장시키는 것, 인간의 삶과 영혼을 아름답게 만드는 것이라고 정의했다.

수업은 가르치는 것(Teaching)보다 배움(Leaning)이 일어나서 미래의 역량을 키우는 것이다. 교사가 가르쳤다(수업을 했다)고 하더라도 배움이 없으면 가르친 것이 아니다. 그런 의미에서 수업연구는 아이들을 이해하는 연구이다. 수업을 잘 이끌어가는 교사는 생활 속에서 적절한 예를 들어서 아이들이 알아듣기 쉽게 이야기한다. 적절한 예를 들어 설명하면 수업에 대한 이해도가 높아지고, 아이들이 공감하며, 기억에 오래 남는 장점이 있다.

수업방식은 교사에 따라 모두 다르다. 강의식 수업으로 일관하는 교사가 있는가 하면 토론과 소통으로 수업을 이끌어가는 교사도 있다. 교사에 따른 수업 유형을 운동에 비유한다면 볼링형, 탁구형, 축구형으로 나눠볼 수 있을 것이다. 볼링형은 일방적으로 공을 던지는 수업이다. 교사 혼자 수업하고, 혼자 질문하고, 혼자 대답하는 수업이다. 탁구형 수업은 공을 주고받는 것처럼 질문과 대답을 통해 수업을 이끌어가는 방법이다. 그리고 축구형 수업은 전체적인 전략을 가지고 학생과 유기적인 관계를 갖고 수업을 이끌어나가는 것이다. 어떤 방법을 사용하든 수업은 전략적이어야 하며 아이들 마음속에 배우고자 하는 의욕을 불어넣는 것이 되어야 한다.

> "보통의 교사는 수업을 한다. 좋은 교사는 잘 가르친다. 훌륭한 교사는 직접 해 보인다. 위대한 교사는 가슴에 불을 지핀다."
>
> – 앨프리드 화이트헤드

칭찬이 고래를 병들게 한다고?

칭찬이 고래도 춤추게 한다는 말은 누구나 알고 있을 것이다. 그만큼 칭찬은 누구에게나 좋은 것으로 인식되어왔다. 그런데 정말 칭찬만 하면 고래가 춤을 출까? EBS 다큐멘터리 〈칭찬의 역효과〉에서는 무작정 하는 칭찬은 오히려 독이 될 수 있다고 경고한다.

이 프로그램에는 한 실험이 등장한다. 아이들에게 칭찬을 한 후 교사가 답안지를 두고 잠시 자리를 비웠을 때, 부정행위를 하는지에 대한 실험이다. 그 결과 칭찬을 받은 아이들의 80%가 답안지를 훔쳐봤다. 똑똑하다는 칭찬을 들은 아이는 부정한 방법을 통해서라도 계속 똑똑해 보이려고 한 것이다. 이 학생들은 위험을 감수하지 않으려 했고, 어려운 문제에 도전하기보다 쉬운 문제를 택했다. 만약 결과가 좋지 않으면 더 이상 똑똑하다는 칭찬을 받지 못할까 봐 두려워했기 때문이다.

이처럼 칭찬은 긍정적인 효과도 있지만, 한편으로는 엄청난 부담을 주는 것이다. 따라서 어떤 방법을 써서라도 칭찬한 사람을 실망시키지 않으려고 노력하게 만든다.

워싱턴 대학교 신경정신과의 로버트 클로닌저 박사는 끈기를 기르기 위해서는 칭찬을 하면 안 된다고 말한다.

"지속적인 칭찬은 항상 성공할 것이라는 자만심을 키워주고 쉽게 포기하게 만든다. 아이들에게 어떤 부분이 잘못됐는지 알려주고, 그것에 대한 의견과 존중, 그리고 미래에 더 잘할 수 있는 방향을 제시해주는 것이 좋다. 그렇지 않으면 아이들은 자신이 일을 잘했을 때나 잘못했을 때나 항상 칭찬받기만을 기대하게 된다."

또 다른 실험을 보자. 보통 교실에서 아이들이 잘했을 때 붙여주는 칭찬 스티커에 대한 내용이다.

책을 많이 읽을수록 스티커를 붙여주자 아이들은 빠른 속도로 책을 읽고 스티커를 받았다. 그런데 스티커를 쉽게 많이 받으려고 점차 자신의 수준보다 낮은 수준의 책을 고르게 되었다. 이 실험에서는 유일하게 한 형제만이 자기 수준에 맞는 책을 천천히 골라 읽었는데, 이 형제의 엄마는 칭찬 스티커를 사용한 적이 없다고 했다. 칭찬 스티커는 아이들에게서 책 읽는 기쁨을 빼앗고, 보상에만 중점을 두게 한다.

칭찬은 특성이 아니라 행동에 관한 것이어야 한다. 연구에 의하면, 똑똑함을 칭찬하는 것과 열심히 활동하는 것을 칭찬하는 일은 큰 차이가 있다. 후자는 노력한다면 쉽게 도달할 수 있는 행동이다. 학생들은 칭찬받은 행동을 다시 할 수 있다. 이런 칭찬은 노력을 기울이게 하며 모험을 시도하게 만든다.

이에 반해 특성을 칭찬하면 반대의 결과가 나타난다. 똑똑하다는 칭찬은 자신감이 아니라 두려움을 준다. 덜 똑똑하게 보일까 봐 어려운 과제는 수행하지 않으려 해서 모험을 적게 시도한다. 따라서 가능한 한 구체적으로 칭찬하고 특성이 아니라 행동을 칭찬하라.

– 더그 레모브, 『최고의 교사는 어떻게 가르치는가』, 해냄, 2013, 243쪽

물론 칭찬의 긍정적인 효과는 무척 많다. 다만 아이를 칭찬할 때는 칭찬 뒤에 숨은 역효과가 있다는 것도 생각해야 한다.

그렇다면 어떻게 칭찬하는 것이 좋은 방법일까?

1. 잘한다는 말보다 때로는 그냥 바라보기

흐뭇한 표정으로 바라보는 것만으로도 칭찬의 효과를 줄 수 있다. 아이는 누군가가 자신을 관심 있게 바라보고 있는 것만으로도 자신이 잘하고 있다고 느낄 수 있다.

2. 아이의 행동에 대해 상황만 설명하기

"글씨를 아주 잘 썼구나!"라고 칭찬하는 것보다는 "글씨 쓰는 자세가 바르고 글씨가 반듯하고 균형이 잘 맞는구나!"와 같이 아이의 행동

과 상황을 이야기하는 것만으로 칭찬을 대신하는 것이 효과적일 때가 있다.

3. 사실에 대해 칭찬하기

교사의 말을 잘 따르지 않았어도 "주한이는 선생님 말을 잘 들어서 너무 착하네."와 같이 아이의 행동을 이끌어내기 위한 거짓 칭찬은 상대를 이용하거나 무시하는 것이다. 아이가 칭찬받을 행동을 하지 않았는데도 칭찬을 듣게 된다면 칭찬에 대한 신뢰가 떨어지게 된다.

칭찬을 싫어하는 사람이 있을까? 칭찬은 적(賊)에게라도 듣고 싶은 말이다. 칭찬받고 싶은 마음은 인정받고 싶은 마음과 같다.

칭찬은 고래를 춤추게 할 수 있다. 하지만 잘못된 칭찬으로 고래를 지속적으로 춤추게 할 수는 없다.

칭찬의 기술

미국 미네소타 대학의 한 심리학자는 여학생 80명을 대상으로 다른 사람이 자신에 대해 이야기하는 것을 엿듣게 하는 실험을 했다.

첫 번째 사람은 계속 칭찬만 하고, 두 번째 사람은 계속 비난만 한다. 세 번째 사람은 잘못을 지적하다가 칭찬으로 끝내고, 네 번째 사람은 칭찬을 하다가 비난으로 끝낸다. 학생들은 과연 이 4가지 유형 중 어떤 사람의 말을 가장 좋아했을까?

보통은 시종일관 자신을 칭찬한 첫 번째 사람을 가장 좋아할 것 같지만 결과는 그렇지 않았다. 실험 결과, 처음에는 부정적인 말로 시작하지만 나중에 칭찬으로 끝낸 세 번째 사람을 가장 좋아하는 것으로 나타났다.

왜 이런 현상이 나타났을까? 좋은 말도 자꾸 들으면 식상하듯이 칭찬도 자꾸 들으면 효과는 떨어진다. 그렇다면 학생들이 가장 싫어했던 사람은 누구였을까? 이 역시 시종일관 비난만 했던 사람보다 처음에는 칭찬을 하다가 나중에 비난으로 마무리하는 사람이었다.

"선호야, 넌 공부는 잘하던데 생활태도가 그게 뭐니."

처음엔 칭찬으로 시작하다가 결국에 비난으로 끝내는 선생님에 대해서 아이는 좋지 않은 감정을 갖게 된다.

"주한이 너는 친구들과 장난만 하는 줄만 알았는데, 오늘 아픈 친구 식판을 들어주는 착한 행동을 하다니, 선생님이 정말 놀랐다."

이렇게 비난으로 시작했지만 칭찬으로 마무리하게 되면 좋은 감정을 갖게 된다는 것이다.

아이의 장점을 찾아 칭찬을 하는 것은 좋은 일이다. 하지만 잘한 것과 잘못한 것을 함께 말해야 하는 경우에는 이렇게 잘못을 먼저 지적하고 칭찬으로 마무리하는 것도 기술이다.

샌드위치 대화법 : 꾸중과 잔소리도 기술이다

꾸중을 듣고 기분이 좋을 사람은 없다. 마찬가지로 꾸중을 하는 사람도 기분이 좋을 리 없다. 하지만 아이들을 지도하다 보면 늘 칭찬과 격려만 할 수는 없으며, 불가피하게 꾸중을 하게 된다.

그나마 꾸중을 받아들이는 상대가 제대로 반성한다면 다행이지만, 늘 그렇게 좋은 결과만 있는 것은 아니다. 꾸중을 들을 마음의 준비가 되어 있지 않은 아이에게는 오히려 역효과가 발생한다. 아무리 좋은 의도로 말해도 오히려 반발하며 대드는 아이도 있다.

그런데 꾸중의 역효과는 충고의 방법이 잘못되었기 때문에 생기는 경우가 적지 않다. 작은 잘못까지 꼬치꼬치 다그치며 꾸중하면 반성하는 마음보다는 짜증스러운 마음이 생긴다. 겉으로는 꾸중을 받아들이는 것처럼 행동할 수 있지만 마음속으로는 상대방을 무시하거나 반감을 가지게 된다. 따라서 꾸중을 할 때에는 상대를 날카롭게 몰아세우기보다는 부드러운 말투로 간결하게 전하는 것이 좋다.

타이르거나 부탁하는 말투로 효과를 높일 수도 있다. 예를 들어 학교에 늦게 오는 아이가 있다고 하자.

"너는 학교가 무슨 애들 놀이터인 줄 아니? 네가 오고 싶을 때 오게?"이렇게 날카롭게 쏘아붙이면서 말하기보다는 "집에 무슨 일 있니? 요즘 학교에 좀 늦는구나."라고 말하는 것이 효과적이다. 자신을 걱정해주고 또 잘못된 사실을 정확하게 지적하는데 반감을 가질 이유가 없다.

꾸중에는 요령이 필요하다. 잘못만을 지적하기보다 긍정적인 행동에 대한 칭찬을 곁들이면 효과적이다.

만약 아이가 쓴 글이나 그림이 성의가 없고 마음에 들지 않는다고 했을 때, "이것도 글이라고 썼니? 초등학교 1학년도 이것보다는 잘 쓰겠다." 와 같이 꾸중한다면 결과적으로 역효과를 불러온다.

"이 글의 처음 부분은 내용도 좋고 글씨를 바르게 썼는데, 뒷부분의 내용이 좀 어색하구나. 뒷부분 글을 좀 수정하면 더 좋을 것 같은데 어떻게 생각해?"

이렇게 칭찬을 곁들이면서 잘못한 것을 지적해주는 것이 좋다. 물론 이때의 칭찬은 무조건적인 것이 아니라 근거 있는 칭찬이어야 교사에 대한 신뢰를 갖게 된다. 이처럼 긍정적인 방법으로 대화를 나누면 꾸중과 지적도 상대가 기분 나쁘지 않게 받아들여 기대 이상의 효과를 얻을 수 있다.

『말이 인격이다』라는 책에서 저자 조항범은 꾸중과 조언에 앞서 칭찬과 격려가 들어가는 이러한 대화 방법을 '샌드위치 대화법'이라고 했다.

샌드위치 대화법은 칭찬[긍정] – 충고[거절] – 칭찬[긍정]의 과정으로 대화를 하는 방법이다.

칭찬과 격려로 대화를 시작하고, 잘못된 행동에 대해 지적하고 꾸중을 한 후, 다시 긍정적인 칭찬과 격려로 마무리하는 대화법으로, 상대와의 갈등을 최소화하고 지적을 부드럽게 받아들이도록 하여 지속적인 관계 유지에 도움이 되는 대화방법이라고 할 수 있다. 이러한 대화법의 효과에 대한 연구에 의하면 한 번의 부정적인 말을 상쇄하기 위해서는 세 배의 긍정적인 말이 필요하다는 것이다. 식빵 사이에 어떤 재료를 넣었느냐에 따라 샌드위치 맛이 다른 것처럼 꾸중이나 충고, 상대방의 제안을 거절할 때에는 샌드위치 대화법을 사용하면 좋을 것이다.

한편 샌드위치 대화법은 꾸중이나 충고할 때뿐만 아니라 상대방의 제안을 현명하게 거절할 때에도 사용할 수 있다.

예를 들어 교사가 몸이 좋지 않아서 체육시간에 교실에서 수업을 해야 할 때, 밖에 나가 뛰어놀고 싶어서 아이들이 이런 제안을 할 때가 있다.

"선생님, 다음 시간 체육인데 밖에 나가서 같이 축구해요."

이렇게 아이들의 제안을 받았을 때,

"오늘 선생님 몸이 힘들어 보이지 않니? 오늘은 교실에서 체육수업을 한다고 아까도 말했는데 또 그 얘기니? 정말 너희 머릿속에는 온통 놀 생각밖에 없구나."

이렇게 말하기보다는 샌드위치 대화법을 사용하면 훨씬 부드럽다.

"선생님도 너희랑 같이 체육시간에 운동장에 나가서 뛰어놀고 싶은데.[긍정] 오늘은 선생님 몸이 좋지 않으니 교실에서 수업할 수밖에 없구나.[거절] 선생님이 빨리 나아서 다음 체육시간에는 꼭 운동장에 나가서 축구를 하면 어떻겠니? 그럼 선생님도 같이 즐겁게 축구할 수 있을 거야.[긍정]"

이처럼 제안에 대해 거절할 때에도 단도직입적으로 하기보다는 앞뒤에 긍정의 말을 덧붙이면 효과적으로 거절할 수 있고, 거절당하는 사람도 기분이 나쁘지 않으므로 좋은 관계를 유지할 수 있다. 현명한 거절은 나 자신을 지킬 뿐만 아니라 타인과의 관계도 지킬 수 있다.

아이들과 함께 학교생활을 하다 보면 칭찬과 격려를 하게 될 때도 있지만 지적과 꾸중을 해야 될 때도 있다. 아이들이 교사의 말을 듣지 않고 잘못된 행동을 할 때, 지도하려는 마음보다 화나는 마음이 앞서서 칭찬할 거리를 찾을 마음의 여유가 없을 수도 있다. 그러나 평소 반 아이들에 대해 칭찬거리를 잘 생각해두면, 꾸중을 할 때 지적만 하는 실수를 피할 수 있다.

꾸중만 하게 되면 꾸중을 듣는 아이의 자존감이 낮아진다. 꾸중할 일이 있을 때에는 샌드위치 대화법을 사용하여 학생과의 관계를 해치지 않으면서 아이의 행동변화를 긍정적으로 이끌 수 있을 것이다.

김대중 전 대통령은 꾸중을 하는 데도 원칙이 있었다. 하나는 먼저 상대방의 입장이나 장점을 인정해주는 것이고, 두 번째는 상대방의 인격을 훼손하지 않으면서 비판을 하는 것이었다. 상대방의 입장이나 장점을 인정하지 않으면 상대방은 비판을 자기에 대한 비난으로 생각하고 수용하지 않게 된다. 상대방의 인격을 존중하는 비판이 되기 위해서는 다른 사람들 앞에서 비판하지 말아야 한다.

– 강원국, 『대통령의 글쓰기』 메디치미디어, 2014, 285쪽

인간관계에서 화가 나고 마음이 상하는 것은 상대방이 말하는 내용 때문이 아니라, 대개는 방식 때문이다. 교사가 아이들에게 말하는 것을 내용만 놓고 따져보면 하나도 나쁜 말이 없다. 학생 자신을 위하는 말인지는 잘 알지만, 듣기 싫고 기분이 나쁘다고 받아들이는 것은 내용을 전달하는 방식이 잘못되었기 때문이다.

말이란 내용보다 방식이 더 오래 기억에 남는 법이다.

아이의 마음을 움직이는 방법

1. 한정 지어 말하기

"단 ~만이라도 좋으니 ~해줄래요?"라고 말하면 상대방이 응해줄 확률이 높아진다.

"조용히 하고 선생님 말에 집중하세요."라고 말하기보다는 "여러분, 단 5분간만이라도 선생님 말에 집중해줄래요?"라고 말하면 선생님의 말에 더 잘 집중할 수 있다.

2. 아이가 생각할 수 있도록 말하기

어떤 일에 대해서 "이것은 ~이다."라고 말하는 것보다 "이것은 ~라고 생각할 수 있지 않을까?"라고 완곡하게 물어서 상대가 직접 생각하게 하는 방법이다.

"놀지 말고 공부해."보다는 "놀고 싶겠지만 지금은 시험공부를 하는 게 더 좋지 않을까?"라고 말하는 것이 더 효과적이다.

3. 목적을 분명하게 말하기

목적을 분명하게 말하지 않으면 쉽게 행동으로 이어지지 않는다.

"자기 주변을 정리정돈 해라."라고 말하는 것보다 "오늘 오후에 학부모 상담이 교실에서 있는데 책상 주변을 잘 정리하면 좋겠구나."처럼 정리정돈의 목적을 분명하게 말하면 마음을 움직일 수 있다.

공부 패러다임의 변화, 함께 공부하기

우리는 전통적으로 공부란 혼자 하는 것이라고 생각해왔다. 혼자 조용한 도서관에 앉아서 오랫동안 공부해야 성적이 향상된다고 생각하기도 했다. 아니면 수업시간에 교사나 교수의 이야기를 빠뜨리지 않고 경청하고 받아 적어야 공부를 잘하는 것이라고 생각한다.

하지만 EBS TV에서 방영했던 프로그램 〈우리는 왜 대학에 가는가? 5부 말문을 터라〉에는 이러한 생각을 뒤엎는 흥미로운 실험이 소개되었다. 공부는 혼자 하는 것이 아니라 함께 해야 효과가 크다는 것을 밝힌 실험이다.

먼저 학생들을 조용하게 각자 공부하는 그룹과(조용한 공부방) 서로 이야기하면서 공부하는(말하는 공부방) 그룹으로 나누어 공부하게 하고, 3시간 후 시험을 보게 했다. 시험 문제는 단답형 5문제, 수능형 유추문제 5문제, 서술형 5문제로 이루어졌다.

결과를 보면 말하면서 공부한 그룹이 조용하게 공부한 그룹에 비해 단답형 문제와 서술형 문제에서 성적이 2배 더 좋았고, 수능형 문제에서도 더 높은 점수를 받았다.

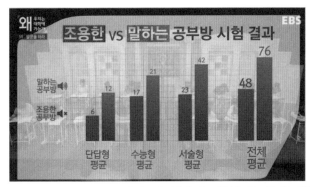

출처: EBS, 〈왜 우리는 대학에 가는가? 5부, 말문을 터라〉

그렇다면 왜 이런 결과가 나왔을까?

다음의 표는 미국의 행동과학 연구기관 NTL(National Training Laboratories)이 발표한 학습 효율성 피라미드이다. 수치에 대해서는 추가 연구가 필요하지만 학습 효율을 말할 때, 상대적 우열의 근거로 데일(Dale)의 '경험의 원추'와 함께 널리 인용되고 있는 자료이다. 여기에서도 알 수 있듯이, 효율적인 학습 방법은 적극적으로 참여하는 것이며, 그런 경우에는 학습 효과가 월등하게 좋아진다.

생각해보면, 학창 시절 친구가 모르는 문제를 물어왔을 때 친구에게 설명해주었던 내용은 더 오랫동안 기억에 남았던 것 같다. 친구에게 설명한다는 것은 우선 그것에 대해 설명할 만큼 충분히 알고 있다는 것이다. 잘 알지 못하면 설명도 할 수 없기 때문이다. 또 설명을 하는 과정에서 자신이 알던 사실에 대해서도 이해력이 더욱 향상된다. 그래서 친구에게 설명하고 가르친 것은 결과적으로 더 기억에 오래 남는다.

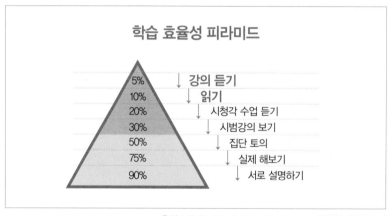

출처: NTL(National Training Laboratories, 미국행동과학연구소)

이와 관련하여 요즘 많이 거론되는 것이 하브루타(Havruta) 교육법이다. 하브루타는 유대인의 오래된 학습법이자 교육방법으로, 짝을 지어 서로 질문하고 논쟁하는 학습방법이다.

하브루타란 '친구, 짝, 파트너'를 가리키는 '하베르'라는 말에서 유래한 말인데, 부모나 친구, 선생님과 늘 서로 질문하고 대답하고 토론하는 유대인들의 생활방식 속에서 '짝과 함께 공부하는 것'이라는 의미로 확대되었다. 두 사람, 많게는 서너 사람이 서로 질문하고 대화해 가는 과정이 핵심이다. 학습자는 짝과 함께 주체적으로 질문에 대한 답을 찾아나가고, 자신의 생각과 타인의 생각을 비판적으로 생각하는 기회를 갖게 된다. 따라서 학생이 주체적으로 사고하고 학습하게 되므로, 하브루타 학습법을 가르침이 중심이 아닌 배움 중심의 학습법이라고 부른다. 친구끼리 서로 설명하고 논쟁하는 것은 학습의 효율을 높일 뿐 아니라 친구 사이의 관계를 좋게 하므로, 동시에 인성교육까지 이루어진다고 할 수 있다. 또 상대의 입장이 되어 이야기를 나누다 보면 서로를 이해하게 되고, 타인을 배려하는 힘도 길러진다.

토론을 할 때는 서로 눈을 마주치면서 이야기하게 된다. 따라서 친구의 눈을 보며 이야기하는 과정에서 서로 친밀감을 느낄 수 있고, 또 상대방과 나의 의견이 다르다는 것을 인정하는 법과 자신의 생각만을 고집하지 않는 유연한 사고를 배울 수 있다. 대화를 통해 그동안 자신이 미처 생각하지 못한 것을 알 수 있고, 상대의 의견을 들어주는 기다림도 배운다. 또 토론을 할 때 어떤 말로 표현해야 설득력이 있을지 궁리하게 되므로 창의성도 기를 수 있다.

하브루타의 핵심은 '짝 가르치기'이다. 앞에서 언급한 것처럼 친구에게 설명하고 말하면서 자신이 아는 것을 더욱 정확하게 알아차리게 된다. 설명을 해보면 내가 아는 것과 모르는 것이 명확해지고, 실제로 내가 아는 것과 안다고 착각하는 것을 구별하는 능력인 메타인지력도 향상된다. 그러면서 자신에게 부족한 점이 무엇인지에 대해 알게 된다.

또 친구에게 설명을 할 목적으로 글을 읽으면 내용을 더욱 자세히 보게 되고, 머릿속으로 짜임새를 만들어 구조화시키게 된다. 이를 설명하다 보면 내용의 순서를 생각하며 설명하게 되어, 해당 내용의 인과관계를 더욱 명확히 알게 된다.

이처럼 짝 가르치기는 수업에 대한 흥미를 높일 수 있고, 사고력과 발표력까지 높일 수 있는 효과적인 학습법이다.

하브루타 교육법을 적용하면 학생들이 서로 계속해서 말을 주고받으며 공부하기 때문에 교실이 시장처럼 시끄러워질 수도 있다. 하지만 자기 짝의 말을 경청하다 보면 다른 사람의 이야기는 들리지 않는 '칵테일 파티 효과'도 경험할 수 있다. 교실이 다소 시끄럽더라도 자기 짝의 말을 듣는 데에는 문제가 없다.

하브루타 공부법은 '질문하기 → 생각하기 → 토론하기 → 실천하기'의 과정을 통해 배운 것을 내면화하게 된다. 혼자서 눈으로만 읽고 암기하는 공부 방법보다, 이해한 것을 친구에게 설명하며 생각을 공유하는 것은 교육적으로도 큰 의미를 가져온다. 아이들은 경쟁을 통해서가 아니라 이처럼 친구들과 토론하고 소통하는 과정에서 '협력'의 중요성을 깨닫게 된다.

공부는 혼자 하는 것이 아니다. 친구와 생각을 나누고 토론하며, 자신이 아는 것을 설명하고 협력하는 능력도 필요하다. 협력하는 방법을 배우게 되면 자연스럽게 친구와의 갈등 같은 문제들도 조금씩 개선되어간다. 앞으로의 사회는 개인의 능력보다는 협업이 필요한 시대다. 따라서 함께 공부하기는 더욱 중요해질 것이다.

누군가를 가르치는 것보다 확실하게 아는 방법은 없다.

하브루타식 질문 방법 [《흥부와 놀부》 이야기를 중심으로]

○ 내용을 확인하는 질문으로 생소한 단어나 뜻을 확인하는 질문
  – "제비는 언제 볼 수 있나요?"
  – "강남은 어디인가요?"
  – "박은 어떻게 사용될까요?"

○ 심화 질문으로 '왜 그랬을까요?', '만약 ~ 했더라면', '만약 ~ 한다면?' 등 가정이나 유추, 추론을 통해 일어나지 않은 일에 대한 상상 질문
  – "제비의 다리를 고쳐주지 않았다면 어떻게 되었을까?"
  – "만약 내가 놀부였다면 흥부에게 어떻게 했을까?"

○ 적용 질문으로 자신의 실생활에 적용해보는 질문
  – "평소에 동생을 어떻게 대하는가?"
  – "아픈 동물을 보면 어떤 마음이 드는가?"

○ 종합 질문으로 앞으로의 행동에 대한 다짐을 하는 질문
  – "《흥부와 놀부》에서 주는 교훈은 무엇인가?"
  – "앞으로 동생과 어떻게 지낼 것인가?"

창의력은 협업과 공감으로 성장한다

다음과 같이 학년 회의를 했다고 하자.

"이번에 우리 6학년은 어디로 현장체험학습을 가는 것이 좋을까요?"

"놀이공원이 어떨까요?"

"놀이공원에서 놀기만 하면 교육적이지 못한 것 같네요."

"고구마 캐기 체험학습장은 어떨까요?"

"아이들이 뙤약볕에서 너무 힘들지 않겠어요?"

"경주문화유적지는 어때요?"

"경주가 좋겠네요. 아이들에게 문화유적지도 소개하고 교육적으로도 좋은 것 같습니다. 다들 어떻게 생각하세요?"

"……."

"다른 의견 없으신 것 같으니 이번 현장체험학습은 경주로 가는 것으로 합시다."

이것이 과연 제대로 협의가 이루어진 것이라고 할 수 있을까? 답은 이미 정해져 있다. 이렇게 상급사가 답을 정해놓고 다른 선생님들이 대답만 하도록 하는 것은 진정한 의미의 협의가 아니다.

학교에서 교장, 교감, 학년부장은 주로 교사들과 토의하며 문제를 해결해나가는 협력자이자 대화자의 역할을 맡게 된다. 때론 흔들리고 갈팡질팡하는 교사들에게 나침반과 지도 역할을 해주어야 하는 경우도 있다. 앞에서 예로 든 회의 모습과 같이 아무리 교육적인 명분을 내세우고 아이들을 위한 선택을 주장한다고 해도, 대화와 타협 없이 나온 주장이라면 문제가 있다. 자신의 신념과 의견만 앞세우고 남의 의견을 무시하는 태도는 교육자라면 더욱 주의해야 한다.

예전에는 강력한 리더가 조직을 이끌어가는 경우가 많았지만, 이제는 협업으로 조직의 생산성을 높이는 시대이다. '협업'의 사전적 정의는 '같은 종류의 생산, 또는 같은 종류의 작업을 여러 사람이 협력하여 공동으로 하는 일'이라고 되어 있다.

2017년 5월 27일, 서울 광화문광장에서 시민과 함께하는 미세먼지 대토론회가 열렸다. 이 토론회에는 나이, 성별, 직업에 관계없이 무려 3천여 명의 시민이 참가했는데, 토론의 주제는 "서울은 무엇부터 해야 합니까?", "왜 우리는 환경을 최우선 과제로 삼아야 하나요?"였다.

토론은 입론(1분 30초 동안 한 가지 쟁점 주장) → 상호 토론(보충 주장, 질의 응답, 논쟁, 설득) → 전체 토론(주요 쟁점별 토론, 팩트 체크) → 2차 토론(심화쟁점 토론) → 투표/발표의 순서로 진행되었다.

한 테이블당 10여 명의 시민이 모여 열띤 토론을 벌였다. 현장에서는 여러 가지 의견들이 나왔고, 4대문 안 공해 차량 운행 제한, 차량 2부제 실시 등의 의견이 많은 참석자들의 공감을 얻었다.

이날 시민대토론회에 참여했던 서울시장은 서울시가 당장 시행할 수 있는 '5대 실천 약속'을 발표했다. 미세먼지 재난 선포, 서울 지역에 고농도 미세먼지 발생 시 서울형 비상저감조치 단독 시행, 4대문 안 노후 경유차 운영 단계적 제한, 친환경 건설기계 사용 의무화와 친환경 보일러 보급 확대, 동북아 주요 도시와의 환경외교 강화 등이 그 내용이다. 시민들의 의견을 모으고 분류해서 실제적인 대책을 마련한 것이다. 이벤트성이라고도 생각할 수 있는 이 토론회 한 번으로 미세먼지 문제를 모두 해결할 수는 없겠지만, 피해 당사자인 서울 시민들이 한자리에 모여 미세먼지에 대한 고민과 대책을 마련하고자 했다는 것만으로도 충분히 의미 있는 행사였다.

서울시는 5대 실천약속 이외에 미세먼지가 심한 경우, 차량 2부제 실시와 출퇴근시간대 대중교통요금을 무료로 운영하겠다는 대책을 내놓았다.

이처럼 결코 해결할 수 없을 것만 같던 미세먼지 문제의 해결을 위해 한 걸음 앞으로 나아갔다. 집단지성과 협업으로 문제를 해결하고자 하는 의미 있는 결과를 만들어낸 것이다.

성공적인 협의나 협업을 이뤄내기 위해서는 구성원들의 공감을 이끌어내는 것이 중요하다. 공감은 다른 사람의 감정, 의견, 주장에 대해 자신이 그렇다고 느끼는 기분이다. 따라서 공감능력은 관계를 맺는 힘이자 사람의 마음을 움직이는 힘이며, 협업을 하는 사람들에게는 필수적인 요소이다. 대화하고 소통하기 위해서 필요한 것은 언어만이 아니다. 공감이라는 공통의 분모가 있어야 한다.

미래학자 대니얼 핑크가 예견했듯이 우리 아이들이 맞을 미래는 정보화시대를 넘어 타인과 공감하고 협력하는 능력이 필요한 시대가 될 것이다. 앞으로는 개인의 능력보다는 협업 능력이 더욱 강조될 것이며, 협업을 하지 않고는 문제를 해결하기 어렵다.

요즘에는 학교 수업도 협력과 공감을 바탕으로 단순 지식을 넘어 창의적인 문제해결력을 기르는 방향으로 변하고 있다. 교사가 주도하는 것이 아니라 학생이 주도하여 탐구해가는 과정에 중점을 두며, 평가 역시 결과만을 중시하는 1회성 평가에서 수업을 통해 학생이 얼마나 성장했는지를 평가하는 성장형 평가로 변하고 있다. 혼자 하는 것보다 여럿이 공부하는 것이 같은 시간 동안 더 다양한 정보교환이 이뤄져 효율적이기 때문이다.

미국 225개 기업을 대상으로 한 조사에서도 구직자가 갖추어야 할 가장 중요한 조건으로 '소통능력'과 '협업능력'을 꼽았다고 한다.

소통과 협업이 잘 일어나면 서로 공감하게 된다. 미래사회에서 협업과 소통능력은 문제를 해결하고 함께 성장하기 위해 반드시 필요한 능력이다. 그리고 학교는 미래사회를 살아갈 능력을 갖추는 배움터가 되어야 한다. 우리의 아이들이 서로 경쟁하는 문화에서 벗어나 같이 협력하고 즐겁게 배우는 공간이 되어야 할 것이다.

'우리'는 '나'보다 뛰어나다.

급식시간, 아이와 소통하는 최고의 기회

출장이나 연수를 가서 오랜만에 동창이나 함께 근무했던 동료 교사를 만나면, 누구나 이렇게 말을 건넨다.

"어떻게 지내? 잘 지내지? 조만간 연락해서 밥 한 번 먹자."

식사를 함께 한다는 것은 정(情)을 나누는 것이다. 먹을 것을 함께 나누면서 상대를 알아가는 것은 소통한다는 의미이다.

선생님에 따라서는 학교 급식시간이 사적인 시간이라고 생각할 수도 있다. 오전 내내 아이들과 씨름하다 보면 밥 한 끼라도 편안하게 동료 교사와 함께 먹고 싶다고 생각할 수 있다. 하지만 학교에서의 급식시간은 교사와 학생 모두 단순히 식사만 하는 시간이 아니다.

EBS에서 방영된 프로그램 〈세상의 모든 법칙〉에서는 '런천 테크닉(Luncheon Technique)'이라는 이론을 소개했다. '런천(Luncheon)'이란 점심을 뜻하는 '런치(Lunch)'와 비슷한 뜻이지만 주로 손님을 접대하는, 메뉴가 더 잘 차려진 점심식사를 의미한다. 이 이론은 음식을 함께 먹으면 기분이 유쾌해지므로 어떤 얘기를 해도 긍정적인 반응을 유발할 수 있다는 것이다. 함께 음식을 먹었던 즐거웠던 감정과 기억이 상대에 대한 호감을 불러올 수 있어서 설득하기도 쉽다는 이론이다.

교사들은 매일 아이들과 함께 점심을 먹는다. 이 시간은 교사가 평소 관계를 잘 맺지 못했던 아이나 문제가 있는 아이, 또는 속마음을 잘 알지 못했던 아이와 자연스럽게 대화하기에 좋은 시간이다. 따로 교실에 남아서 상담하면 부담스러워서 잘 이야기를 하지 않던 아이도 점심을 함께 먹으며 얘기를 나누다 보면 자신의 감정을 잘 표현할 수 있다.

그렇다면 급식 지도는 어떻게 하는 것이 좋을까?

급식실에 갈 때에는 교사가 앞에 서서 직접 입장하는 것이 좋고, 아이들이 급식을 받을 때에는 중간 정도에서 교사가 배식을 받는 것이 좋다. 교사가 너무 일찍 배식을 받으면 뒤에 줄을 서는 아이들을 지도하기 어렵고, 식사를 너무 일찍 끝내서 아이들의 식사를 지도하기 어렵기 때문이다. 반면 맨 나중에 급식을 받게 되면, 밥을 빨리 먹는 아이들이 교사가 자리에 앉기도 전에 먼저 식사를 마치고 나가는 경우가 발생한다. 교사는 아이들이 잔반을 처리하러 나가는 방향의 책상 끝에 앉으면 자연스럽게 먼저 먹은 아이들의 잔반 지도를 할 수 있다. 또한 잔반을 많이 남긴 아이에 대해서는 건강상태 등을 체크하는 것이 좋다. 잔반은 한곳에 모아서 처리하도록 지도해야 잔반통 앞에서 시간을 줄일 수도 있고 깨끗하게 식판을 놓을 수 있다.

음식은 골고루 먹을 수 있도록 지도해야 하지만 여기에도 신경 쓸 부분이 있다. 특정 음식에 대해 알레르기가 있는 아이가 있다면 미리 파악해둬야 한다. 이런 사정을 고려하지 않고 모든 반찬을 무조건 먹게 하는 경우도 있는데, 그럴 때는 알레르기 반응이 있는 음식까지 먹게 될 수 있으므로 지나치게 강요하지 않아야 한다. 또한 컨디션이 좋지 않은 아이는 음식을 남기게 되므로 미리 적게 받을 수 있도록 지도한다.

급식실에 갈 때의 순서는 특별한 사정이 없는 한 번호 순서에 따라가되, 오늘 맨 앞에 섰던 아이는 다음 날에는 맨 뒤에 가도록 하는 등 모든 아이가 공평한 순서로 식사할 수 있도록 하면 좋다. 매일 같은 순서로 급식을 하게 되면 맨 뒤에 있는 아이는 매번 늦게 급식을 먹게 되므로 불만이 생길 수 있기 때문이다. 또 아이들은 서로 마음이 맞는 아이들하고만 함께 먹으려 하므로 인기가 없는 아이는 항상 혼자 급식을 먹게 되는 문제도 있을 수 있다. 따라서 번호에 따라 급식 순서를 정하고, 이를 바꾸어가며 적용하면 교사 옆에 앉게 되는 아이도 매일 달라져서, 모두가 교사와 얘기를 나눌 기회가 생기고, 앞에서 언급했던 런천 테크닉의 효과를 얻을 수도 있다.

이처럼 학교에서의 급식시간은 단순히 밥만 먹는 시간이 아니라 식사예절과 규칙을 배우는 시간, 더 나아가 인성교육과 타인에 대한 배려 등을 배우는 기회가 되며, 때로는 상담의 시간도 되기 때문에 매우 중요하다. 또 아이의 식습관을 잘 기억해두면 학부모 상담 시에 대화의 소재로 시작하기에도 좋다.

"수철이는 고기나 소시지보다 채소와 과일을 좋아하던데, 집에서도 그런가요?"

"선생님께서는 우리 아이의 식성까지 아시네요. 집에서도 간식으로 과일을 많이 먹어요."

학부모 입장에서는 이렇게 아이의 입맛까지 알고 있는 담임교사에 대해 신뢰가 더욱 두터워질 수밖에 없다.

급식 지도를 하면서 먹을거리에 대한 인성교육도 함께 하면 좋을 것이다. 온갖 음식이 풍족한 요즘이지만 하나의 음식이 만들어지기까지 많은 사람들이 얼마나 많은 노력을 하는지 생각하면서 감사하는 마음을 갖도록 지도하면 좋다. 예로부터 밥상머리 교육은 인성을 키우고 가르치는 한 방법이었다. 학교에서의 급식시간도 아이들과 소통하고 관계를 맺을 수 있는 소중한 기회이자 시간이다.

급식시간은 밥만 먹는 시간이 아니다.

정리정돈의 효과 : 사소한 것의 소중한 발견

　새로운 학년을 맞이하는 새학기 초에는 대부분의 담임선생님들이 어떻게 하면 아이들에게 좋은 생활습관을 형성시켜줄 수 있을지 많은 고민을 한다.

　좋은 습관은 어떻게 만들 수 있을까? 그리고 얼마나 오래 지속해야 습관으로 남는 것일까?

　강성태 저자의『강성태 66일 공부법』이라는 책은 새로운 습관을 만드는 데에는 66일의 습관이 걸린다는 흥미로운 연구를 소개하고 있다.

　건강심리학자 필리파 랠리(Phillippa Lally)가 이끄는 런던대학교 심리학과 연구팀의 실험에 따르면 자신의 몸에 새로운 습관을 형성하기까지는 평균 66일의 시간이 걸린다고 한다. 신경을 집중해서 한 가지 행동을 66일가량 반복하면 습관이 된다는 연구 결과이다.

96명을 대상으로 12주간 이루어졌던 이 연구에서는 반복적으로 특정 행동을 한 것이 자동적으로 행해지는 것에 기준을 두어 습관을 규정했는데, 즉 의식적으로 '해야 한다'고 생각해서 하는 것이 아니라, '자신도 모르게 행해지는 것'을 진정한 습관으로 보았다.

다이어트를 위해 헬스클럽에 등록하고 꾸준히 다니려 결심해도 습관이 되지 않아 실패하는 경우가 많다. 학교에서도 마찬가지다. 아이들이 우유를 먹고 난 뒤 잘 정리하거나 신발장에 신발을 바르게 놓는 습관을 들이기 위해서는 교사가 적어도 두 달 정도의 시간 동안 매일 확인하고 지도하는 것이 필요하다는 얘기다.

66일의 '습관 만들기'는 학급에서도 실천해볼 만하다. 매일 아침 10분 독서, 바른 자세로 앉기, 1교시 후 우유 먹기, 수업 시작 전 책상 위에 책 꺼내 놓기 등을 66일간 꾸준히 반복한다면 습관이 될 수 있다.

그런데 새로운 습관을 만들기 위해서는 66일이라는 긴 시간이 필요한 것에 비해, 좋은 습관을 망치는 것은 너무나 쉽다. 지저분한 교실을 며칠만 방치하면 금세 더욱 더러운 교실이 된다. 학생들의 잘못된 사소한 습관도 방치하면 금방 더 큰 습관이 된다.

예전에 한 선배 교사가 했던 말이 기억에 남는다. 흔한 말로 '학생들에게 만만한 교사'가 되지 않는 방법에 대한 이야기였다. 비결은 아이들과 하는 사소한 약속 중에서 절대로 포기하지 않는 것이 있어야 된다는 것이다. 그러면 아이들은 교사가 절대 포기하지 않는 한 가지를 지키면서 다른 학급규칙까지도 잘 지키게 되고, 결국 교사의 말을 잘 듣게 된다는 것이다.

실제로 항상 신발장에 신발이 흐트러져 있는 우리 반을 대상으로 신발장에 '신발 가지런히 놓기'와 '다 먹은 우유팩 바르게 놓기'를 약속하여 실행해본 적이 있다.

"선생님은 우리 반 친구들이 신발장에 신발을 바르게 놓고 교실에 들어오면 좋겠어요. 선생님이 매일 신발장에 신발이 잘 놓여 있는지 확인할 거예요."

"우유를 먹고 다 마신 우유팩을 상자에 똑바로 놓지 않아서, 남은 우유가 흘러 교실 바닥이 지저분해졌어요. 앞으로는 바르게 놓지 않은 우유팩에 써 있는 번호를 확인할 테니 바르게 놓길 바랍니다."

그렇게 아이들에게 전달하고, 매일 교실에 들어오기 전과 중간 놀이를 마친 후, 점심시간 후에 신발장에 놓인 신발의 정리정돈 상태를 확인하고, 바르게 놓지 않은 아이들에게 주의를 주었다. 또한 우유를 다 먹고 나면, 우유 상자를 확인하여 바르게 놓지 않은 우유팩을 확인했다.

결과는 선배 교사의 말대로였다. 담임교사가 그 한 가지 사항에 대해서는 절대로 포기하지 않고 꾸준히 신경 쓰고 있다는 것을 아이들이 알게 되면서, 그것만큼은 자신들도 담임교사의 의지를 바꿀 수 없다는 것을 알게 되는 듯했다. 그리고 그것이 효과를 발휘해, 점차 다른 학급 규칙도 잘 지키게 되었다. 쉬는 시간에 다음 시간의 교과서 꺼내 책상 위에 놓기, 사물함 속 정리하기, 책가방 바르게 걸어놓기 등을 습관화하면서 학급이 더욱 잘 운영되었다. 결국 교실에서 학생들과 했던 사소한 약속들은 사소하지 않은 것이 되었다.

그렇지만 이와 반대로 사소한 것을 방치하면 점차 학급의 규칙들을 모두 지키지 않는 결과를 가져올 수 있다. 이러한 현상을 설명한 것이 바로 '깨진 유리창의 법칙'이다. 이는 깨진 유리창 하나를 방치하면 나중에 더 큰 범죄로 이어진다는 범죄심리학 이론으로, 사소한 무질서를 방치하면 커다란 문제로 이어진다는 것이다.

1980년대 중반, 미국 뉴욕시의 길거리는 지저분했고, 지하철은 더러워서 범죄가 끊이질 않았다. 1995년에 뉴욕 시장이 된 루디 줄리아니(Rudy Giuliani)는 강력한 의지를 가지고 뉴욕시를 정화해나갔다. 먼저 CCTV를 설치하여 길거리에 낙서를 한 사람을 끝까지 추적했고, 지하철 내부를 깨끗이 청소하며 범죄를 집중 단속했다. 그러자 뉴욕시의 강한 의지를 알게 된 뉴욕 시민들은 점차 변화하기 시작했다. 사소한 일들을 꾸준히 지킨 것이 마침내 뉴욕시의 전체 모습을 변하게 한 것이다. 미꾸라지 한 마리가 온 물을 흐린다는 속담처럼, 사소한 것을 방치하면 전체 교실의 분위기를 망칠 수 있다는 것에 대해 다시 한번 생각해봐야 할 것이다.

작은 일이라고 가볍게 보지 말자. 그 작은 일이 얼마나 큰 일로 이어질지는 아무도 모른다.

— 이민규, 『끌리는 사람은 1%가 다르다』, 더난출판, 2005, 5쪽

교실은 아이들과 소통하는 학습의 장이다. 또한 교사와 아이들이 가장 많은 시간을 보내는 공간이기도 하다. 깨끗하게 정리정돈 된 교실은 담임교사의 성격을 나타내기도 하고, 아이들의 생활태도를 짐작하게 만들기도 한다.

교사의 책상이든 아이들의 책상이든 항상 정돈되어 있으면 물건을 찾는 데 걸리는 시간이 줄어들 뿐만 아니라 스트레스 해소에도 좋다. 진작 버렸어야 할 쓰레기, 이미 정리했어야 할 교실 물건들은 마음속의 잡음이 되어 스트레스를 쌓이게 한다.

> 청소는 선 수행의 여러 가지 기본 중 하나입니다. (중략) 선이 지향하는 이상은 '있어야 할 곳에 있도록 하는 것'입니다. 있어야 할 곳에 있어야 할 것이 확실히 수납되어 있으면 마음도 깔끔하게 정리됩니다.
>
> — 마스노 슌묘, 『화내지 않는 43가지 습관』 담앤북스, 2014, 96쪽

사물함 속의 물건이 잘 정돈되어 있다면 그 아이의 생활습관도 잘 정돈되어 있다고 생각해도 된다. 청결하게 잘 정리정돈 된 교실은 아이들의 마음을 깨끗하고 바르게 하는 힘을 가지고 있다.

교사들은 교실을 교육의 장이 열리는 신성한 곳이라고 생각하면서 수업 중 예고 없이 함부로 들어와 수업에 지장을 주는 것을 수업권 침해라고까지 생각한다. 하지만 그곳에서 하루 종일 수업을 받아야 하는 아이들이 깨끗한 환경에서 수업 받을 권리에 대해서는 별로 중요하게

생각하지 않는다.

하루 일을 마치고 집에 들어왔을 때 거실이 지저분하게 어질러져 있으면 기분도 상하고 스트레스가 쌓이게 된다. 아이들도 마찬가지다. 아침에 교실에 들어왔을 때 교실 바닥에 쓰레기가 있거나 정돈되어 있지 않으면 좋은 기분을 느낄 수 없다.

정리정돈의 기본은 있어야 할 곳에 물건이 있는 것이지만, 그 전에 할 일은 먼저 불필요한 물건을 치우는 것이다. 따라서 정리정돈을 잘하는 첫 번째 노하우는 잘 버리는 것이다. 교사라면 교실을 옮길 때마다 1년 내내 사용하지 않는 물건도 가지고 다닌 경험이 있을 것이다. 언젠가 사용할지도 모르고, 버리기에는 너무나 새것인 까닭에 쉽게 버리지 못하고, 그래서 짐은 점점 더 많아진다. 아깝긴 하겠지만 사용하지 않는 물건이라면 버리거나 필요한 곳에 나누어주는 등 처분해야 정리정돈을 할 수 있다.

물건을 버리지 못하는 이유는 나중에라도 혹시 쓰게 될지 모른다고 생각하기 때문이다. 하지만 지금 사용하지 않는 물건은 대부분 나중에도 쓸모가 없다. 과거에 비싼 비용을 들여 산 물건이라 하더라도 현재 사용하지 않는다면 값어치가 높다고 할 수 없다. 물건을 치우고 정리하는 기준은 지금 당장 필요한 것인지 아닌지가 되어야 한다. 1년 동안 한 번도 펼쳐 보지 않은 책이라면 과감히 처분해야 한다. 버릴 물건을 버려야 교실이 제자리를 잡을 수 있다.

불필요한 물건을 치우면 교실이 한결 깨끗해지고 넓어져서 결국 아이들의 활동 공간이 늘어난다. 또 주변을 정리정돈하는 것은 아이들의 생활태도를 바르게 하는 데에도 영향을 미친다. 깨끗하고 정돈된 교실 속의 아이들은 쓸데없는 물건에 신경을 빼앗기지 않으므로 수업 집중도가 높아진다.

매일 하교하기 전에 책상 위를 깨끗이 정리하고 주변의 쓰레기를 치우고 책상 줄을 정리하며 의자를 바로 집어넣게 하는 등 아이들 스스로 주변을 정리정돈하는 습관을 들이도록 하면 다음 날 교실에 들어와서도 정돈된 느낌을 받을 수 있다. 한편 책상 속에도 각종 안내장이나 날짜가 지난 우유 등이 있는 경우가 허다하므로, 가끔은 책상 속도 주기적으로 점검하고 쓸데없는 물건을 치우도록 해야 한다. 또 파일 박스 등을 이용하여 사물함 정리도 스스로 하도록 지도하는 것이 좋다. 정돈된 공간은 그곳에 있는 사람의 자세 또한 바르게 하는 부수적인 효과를 준다.

가끔 아이들의 가방을 정리하도록 돕는 것도 필요하다. 2학기가 시작된 지도 한참 지났는데, 가방에 1학기에 나눠준 안내장이나 1학기에 마친 교과서를 계속 가지고 다니는 아이도 어렵지 않게 볼 수 있다. 정리되지 않은 가방은 무게도 무거울 뿐만 아니라 위생적으로도 좋지 않다. 그러므로 학생들에게 정리하는 습관을 길러줘야 한다.

정리를 잘하는 아이들은 대부분 다른 일에 있어서도 모범적이다. 그러나 평소 어수선하고 산만한 아이의 사물함 속은 그야말로 뒤죽박죽이다. 책상 주변도 마찬가지이고 책상 속도 마찬가지다. 책상 속에 안내장, 우유 등을 쑤셔 넣는 아이는 가방 속도 정리가 안 되어 있는 경우가 많다.

아이들이 자기 주변을 정리정돈하는 데에는 10초 정도밖에 걸리지 않는다. 그러므로 하교 직전에 정리 시간을 주는 것도 좋다.

"지금부터 선생님이 거꾸로 열까지 세는 동안 자기 주변을 정돈하도록 하겠습니다. 10, 9, 8, 7, 6, 5, 4……."

그러면 아이들은 교사가 책상 사이를 지나다니면서 열을 세기도 전에 책상 위와 책상 속을 정리하고, 의자 집어넣기, 의자 밑 쓰레기 줍기, 책상 줄 맞추기 등을 하며 주변을 정돈한다. 동작이 빠른 아이는 자기 사물함까지 정리를 마친다.

자기 물건을 정리정돈하지 않으면 물건에 대한 애착심이 줄어들고 산만한 아이가 될 수도 있다. 책상 위에 쓸데없는 물건이 있으면 수업에 집중하기 어렵기 때문에 수업을 하기 전에는 먼저 책상 위를 정리해야 하고, 교실은 항상 정돈되어 있는 것이 좋다. 교실 정리는 학교생활을 편안하게 하고 주변의 공간을 넓고 쾌적하게 해준다.

좋은 교육은 좋은 환경에서 이뤄진다. 교실은 아이들이 미래를 준비하는 중요한 공간이며, 공부는 청결하고 깨끗하게 정돈된 교실 환경에서 시작된다. 정리정돈은 습관이다. 아이들이 자신의 주변을 정리하는 것을 생활화하도록 지도하는 것도 교사의 큰 역할 중 하나다.

진정한 정리는 물건을 비우고 마음을 채우는 것이다.

세상을 바꾸고 싶다면 침대 정돈부터 하라!

미국의 해군 대장인 윌리엄 맥레이븐(william McRaven)은 2014년 텍사스 대학교 오스틴 캠퍼스의 졸업식에서 다음과 같은 연설을 했다.

"세상을 변화하고 싶으세요? 침대 정돈부터 똑바로 하세요. 매일 아침 침대 정돈을 한다면, 그날의 첫 번째 과업을 완수하게 되는 것입니다. 그것은 작은 뿌듯함을 줄 것이고 다음 과업을 수행할 용기를 줄 것입니다. 하루가 끝나면, 완수된 과업의 수가 하나에서 여럿으로 쌓여 있을 것입니다. 침대를 정돈하는 사소한 일이 인생에서 얼마나 중요한 역할을 하는지 보여줍니다. 사소한 일을 제대로 해낼 수 없다면, 큰일 역시 절대 해내지 못할 것입니다. 혹시 비참한 하루를 보냈다면, 집에 돌아와 정돈된 침대를 보게 될 것입니다. 자신이 정돈한 침대를……. 이것은 여러분에게 내일은 할 수 있다는 용기를 줄 것입니다. 세상을 변화시키고 싶습니까? 작은 일을 제대로 해내면서 하루를 시작하세요."

주변 정리정돈과 같은 작은 실천을 통해 더 나은 자신을 이뤄나갈 수 있다는 것을 강조한 말이다.

— 미국 해군 대장 윌리엄 맥레이븐의 졸업식 연설 중

정리정돈의 방법

○ 정리: 불필요한 것을 버리는 것
○ 정돈: 원래 있어야 할 자리나 상태로 만들어 사용하기 편리하게 하는 것

■ **정리의 4단계** (꺼내기 → 분류하기 → 비우기 → 수납하기)

　1. 정리하는 목적을 분명히 한다.

　2. 물건을 분류한다.

　3. 불필요한 물건을 버린다.

　4. 마지막으로 공간을 새롭게 구성한다.

사과의 기술, 용서의 방법

"선생님, 며칠 전 다훈이가 우리 민우에게 물을 뿌려서 책이 젖었어요. 잘못했다고 사과는 했다는데, 오늘 또 노트에 낙서를 했어요. 아이들끼리 있을 수 있는 장난으로 생각하려고 해도 자꾸 이런 일이 일어나니까 속이 상하네요."

가끔 학부모에게 이런 전화를 받곤 한다. 다음 날 다훈이를 불러서 물었다.

"다훈이는 민우에게 한 행동이 잘못된 거라는 걸 알고 있니?"

"예, 하지만 사과했는걸요?"

"어떻게 사과했는데?"

"미안하다고 했어요. 그러면 된 거 아닌가요?"

보통 아이들에게 친구와 싸우거나 잘못을 했을 때, 사과를 하라고 하면 미안하다는 말로 끝나는 경우가 많다. 하지만 사과는 그렇게 간단한 것이 아니다.

"민우는 다훈이의 사과를 어떻게 생각할 것 같니?"

"그건 뭐…… 잘 모르겠어요. 하지만 어쨌든 전 사과를 했어요."

반 친구들과 서로 다툰 후, 잘못을 한 아이의 진심이 충분히 전달되지 않으면 사과를 받은 아이는 오히려 상대방이 성의가 없다고 생각할 수 있다. 사과의 목적은 자신의 실수나 잘못에 대해 반성하고 상처받은 상대의 상한 마음을 풀어주는 것이다. 그런 의미에서 성의 없는 사과는 진정한 사과라 할 수 없다.

"그럼, 민우가 다훈이의 사과를 받고 마음을 푼 것 같니?"

"그건 잘 모르겠어요. 하지만 미안하다고 몇 번이나 말했는데요?"

"민우에게 어떤 점이 미안한지 얘기했니?"

"아니요, 구체적으로 말하진 않았어요."

사과를 할 때에는 자신의 어떤 점이 잘못된 행동이었는지를 알아야 한다. 자신이 무엇을 잘못했는지도 깨닫지 못하면서 단지 미안하다고만 말하면 오히려 상대의 마음을 더 상하게 한다.

진정성 없이 사과가 반복되면 오히려 진실성을 떨어뜨리는 역효과를 불러온다. 여러 번 사과하는 것이 중요한 것이 아니라 한 번을 하더라도 자신의 마음을 담아 진실하게 사과하는 것이 좋다.

"다훈이는 민우에게 어떻게 사과했니?"

"민우한테 제가 일부러 놀리려고 한 게 아니라고 말했어요. 바로 미안하다고도 했고요. 근데 아직 민우의 마음이 풀리지 않은 거 같아요."

"먼저, 다훈이가 민우에게 용서를 구하기 위해 바로 사과를 한 용기에 대해서 칭찬해야겠구나. 사과를 하고 싶어도 사과할 용기가 없어서 사과를 못하는 친구들도 있는데, 다훈이는 용기 있는 행동을 한 거야."

"선생님, 그런데 어떻게 사과를 해야 하는지 잘 모르겠어요."

친구에게 사과하고 싶지만 어떻게 해야 할지 몰라서 시간만 끌고 망설였던 경험은 누구에게나 있을 것이다. 사과를 하고 관계를 회복하여 예전으로 돌아가고 싶은데, 상대가 사과하면 받아줄지도 모르겠고, 자존심도 상하고, 어떻게 사과하는지 몰라 흐지부지 넘어갔을 수도 있다. 하지만 사과를 하는 데에도 방법이 있다.

먼저 자신의 잘못을 인정하고 무엇을 잘못했는지 알아야 한다. 그래야 상대에게 무엇이 미안한지 말하면서 사과할 수 있다. 뭘 잘못했는지도 모르면서 무조건 미안하다고만 해서는 상대의 마음을 풀 수 없다. 현재의 곤란한 상황을 빨리 벗어나고자 자신의 잘못을 잘 알지도 못하면서 미안하다는 말부터 하는 것은 상대의 상한 마음을 회복시킬 수 없으며, 진정한 사과라고 할 수 없다.

또 진정으로 사과를 하고 싶을 때에는 직접 만나서 마음을 전하는 것이 좋다. 전화나 문자로 사과를 하게 되면 뜻이 잘못 전달되어 오히려 더 안 좋은 상황으로 치닫게 될 수 있다. 아직 서로 서먹서먹하고 어색하더라도 직접 만나 얼굴을 보고 사과하는 것이 좋은 방법이다. 그래서 사과에는 용기가 필요한 것이다.

사과를 할 때에는 상대가 아직도 화가 많이 나 있는 상태인지를 살펴보고, 적절한 타이밍을 찾아 사과하는 것이 좋다. 사과를 하는 타이밍이 빠를수록 좋은 경우가 많지만, 때로 너무 빠른 사과는 상대에게 진정성을 전달하기 어렵다. 또 사과의 내용을 구체적으로 말해 자신의 잘못을 깊이 인식하고 있음을 보여줘야 한다. 또한 미안함을 표현하고 잘못에 대한 책임을 솔직히 인정하는 태도가 사과의 진정성을 높인다.

사과를 받아야 하는 입장에서는 상대가 사과를 시도한다면 지나치게 뜸을 들이지 말고 받아주는 것이 좋다. 몇 번이나 사과를 하는데도 사과를 받아주지 않으면 사과하는 사람도 자존심이 상해서 미안한 마음보다 오히려 원망하는 마음이 생기게 된다. 만약 사과를 받아들이지 못해서 상대와 멀어지게 된다면 다시 회복하기 어렵다. 관계 회복을 위해서는 적절한 시간과 타이밍에서 사과를 주고받는 것이 도움이 된다.

용서의 사전적 의미는 '지은 죄나 잘못을 벌하거나 꾸짖지 않고 덮어주는 것'이다. 물론 용서는 말처럼 쉬운 일이 아니다. 그래서 어떤 사람은 용서는 인간이 할 수 있는 가장 위대한 일이라고까지 말했다.

세상에는 수많은 사람들이 있고 잘못을 저지른다. 그리고 그중 일부만이 용기를 내어 진심 어린 사과를 하며, 또 그중 정말 극소수가 진심으로 용서를 한다.

— 영화 〈신과 함께〉 중에서

용서는 상대방을 위해서 하기도 하지만 결국은 자기 자신을 위해 하는 것이다. 상대에 대한 원망과 미움을 떨쳐버릴 때, 자신이 행복해질 수 있다.

그러나 용서는 섣불리 종용해서 되는 것이 아니기도 하다. 상처받은 마음이 어느 정도 치유되어야 용서가 가능하다. 그러므로 아이들의 문제에 있어서 자신의 잘못을 인식하지 못한 채 사과하고, 상처가 치유되지 않았는데도 무조건 용서하도록 종용해서는 문제를 해결할 수 없다.

사과의 방법

누구나 살면서 잘못을 저지른다. 그럼에도 '미안해요'라고 먼저 고개를 숙이는 것은 쉽지 않다. 따라서 사과는 인간이 갈등을 해결하기 위해 구사하는 가장 진화적인 기술로 꼽힌다.

1. '다만', '하지만'을 절대 쓰지 마라
'미안해'라는 말 뒤에 이런 표현이 붙으면 상대방에 대한 비난이나 변명으로 변질된다.

2. '무엇이' 미안한지 밝혀라
자신이 무엇을 잘못했는지 정확하게 알고 있음을 상대에게 보여야 한다.

3. 자신의 '잘못'을 인정하라

"내가 잘못했어."라고 자신이 잘못에 대한 책임을 명확히 인정해야 한다. 사건에 대한 유감 표명과 책임 인정은 사과의 필수 항목이다.

4. 상세한 '개선 보상계획'을 제시하라

같은 문제가 재발하지 않도록 하겠다는 약속과 상대에 대한 보상의사를 상세히 표현해야 한다. 말뿐인 사과는 또 다른 비난의 대상일 뿐이다.

5. 사과의 '최적 타이밍'을 찾아라

잘못을 인정하는 과정은 신속해야 한다. 단, 무조건 빨리 사과하고 사태를 무마하는 것은 역효과다. 사과의 타이밍은 잘못의 종류만큼 복잡하다. 처음부터 끝까지 상대를 이해하고 공감하면서 최적의 타이밍을 찾아야 한다.

6. 용서를 청하라

쉽지 않은 일이지만 "나를 용서해주겠니?"라고 표현하는 것이 좋다.

– 정재승&김호, 『쿨하게 사과하라』, 어크로스, 2011, 32~35쪽 참조

상처 주지 않고 소통하는 대화법

아이들과 소통하는 방법으로, 서로 상처받지 않는 '나 전달법(I-message)'이라는 방법이 있다. 이것은 긍정적인 일보다는 부정적인 일에 대한 감정을 전달하는 데 더욱 효과적이다.

예를 들어 급식시간에 차례를 지키지 않는 아이와 이런 얘기를 할 수 있다. "너는 왜 이렇게 질서를 지키지 않니? 너는 하는 행동마다 친구들에게 피해만 주는구나."

이렇게 말하는 것은 상대방인 '너'를 주체로 삼는 것으로, 상대(너)의 문제점이나 잘못된 것에 대한 것만 이야기하게 되어 아이가 상처를 받을 수 있다.

그렇다면 상처를 주지 않으면서 소통하는 방법은 무엇일까? 바로 '나 전달법'을 사용하는 것이다.

"선생님은 승철이가 질서를 지키지 않으니 속상하구나."

이러한 표현은 '나'가 주체가 되는 것으로, 상대의 행동에 대한 지적보다 그 결과에 대한 자신의 감정을 중요하게 표현하는 방법이다. 잘못된 행동을 하는 아이를 비난하는 것이 아니라 그러한 행동이 나에게 어떤 영향을 끼치는지를 설명하고, 나의 감정 상태를 표현하므로 아이가 잘못한 행동에 대한 상황을 받아들이고 수긍하는 데 도움이 된다. 또 아이의 행동에 대한 직접적인 평가나 비난, 질책을 하지 않게 되어 서로 상처받지 않고 소통하는 대화를 할 수 있다. 따라서 생각과 감정을 효과적으로 전달할 수 있는 대화법이다.

- "너는 어떻게 수업시간마다 늦게 들어오니?
  → "선생님은 대현이가 수업시간에 늦지 않았으면 좋겠어."
- "너는 청소 시간만 되면 자리에 없고 놀기만 하니?"
  → "선생님은 태현이가 책임감 있게 청소해주면 고맙겠구나."

아이들과의 대화에서 상처를 주지 않는 또 다른 대화법으로는 '비폭력대화(Nonviolent Communication)' 방법이 있다.

비폭력대화란 마셜 로젠버그(Marshall B. Rosenberg)가 창시한 것으로 상대를 비난하지 않으면서 솔직하게 자신의 말을 하는 방법이고, 상대와의 대화 속에 비난이나 욕설이 있어도 그 말 뒤에 있는 상대의 마음을 공감으로 듣는 방법이다.

갈등 상황에서 욕설이나 비난, 모욕, 단정 짓는 말은 상대방과 자신의 마음을 황폐하게 만들고 수치심과 모욕감을 가져오는 결과를 낳는다. 따라서 공격적인 언어는 마음에 못을 박는 언어폭력이 되기도 한다. 이와 달리 상대의 욕구나 생각에 연민으로 반응하며 존중하고 공감하는 자세로 대화하는 것이 바로 비폭력대화 방법이다. 비폭력 대화법은 말을 할 때나 들을 때 모두 관찰(Observation) − 느낌(Feeling) − 욕구(Need) − 부탁(Request)의 4단계 표현 방법으로 대화하는 것이다.

첫째, 관찰은 있는 일을 사실 그대로 표현하는 것이다.

예를 들어 책상 밑에 쓰레기가 떨어져 있을 때, "너는 왜 이렇게 주변 정리정돈을 못하니?"라고 말하는 것은 그 아이를 단정 지어 판단하는 표현이다. 단지 책상 밑에 쓰레기가 떨어져 있을 뿐인데 그 아이가 정리정돈을 하지 못하는 아이라고 곧바로 판단해버리는 것이다. 이렇게 판단하고 평가하는 말은 듣는 사람의 기분을 상하게 하고, 말하는 사람도 경직되게 만들어 대화가 어려워진다.

"주희야, 책상 밑에 쓰레기가 떨어져 있구나."

이렇게 있는 사실만 그대로 표현하는 것이 관찰하여 말하는 방법이다.

학교에 지각했다(관찰) vs 너는 왜 이렇게 게으르니?(평가)

관찰하는 말에는 동의하고 수긍하게 되지만 평가하는 말은 변명이나 공격, 반항을 부추기게 된다.

	관찰하는 말	평가하는 말
상황	한 아이가 늦게 등교했을 때	
예시	학교에 늦게 왔구나.	왜 이렇게 게으르니?
마음	동의, 수긍	공격, 반항
기분	상하지 않음	상하게 함

둘째, 느낌은 자극에 대해 몸과 마음에서 일어나는 반응이다. 느낌에 대한 표현도 판단이나 평가가 섞인 표현과는 구분되어야 한다.

아이가 교사를 무시하고 있다는 판단이나, 아이에 대해 평가하는 말은 "너, 선생님을 무시하는 거니?" 하고 공격적으로 말할 것이 아니라, 이렇게 느낌으로 표현할 수 있다.

"선생님이 여러 번 주의를 줬는데도 같은 잘못을 반복하니 선생님이 서운하구나!"

자신의 느낌을 명확하게 의식하면서 표현하면 좀 더 원만하고 부드러운 관계를 이룰 수 있다. 느낌은 나한테 지금 뭔가 중요한 것이 충족되고 있는지 그렇지 못한지를 알려주는 역할을 한다.

셋째, 욕구는 상대를 탓하기보다 자신이 상대에게 무엇을 원하는지를 인식할 수 있도록 말하는 것이다.

"줄 바르게 서! 학교생활 좀 똑바로 해!"

"남에게 피해 주는 행동은 하지 마!"

이렇게 상대방을 탓하는 말을 하지 않고, 자신이 원하는 욕구와 필요를 표현한다.

"학교는 여러 사람이 함께 생활하는 곳이어서 질서가 필요하니까, 차례를 잘 지키면 좋겠어."

욕구를 이야기할 때는 나의 욕구도 중요하지만 다른 사람의 욕구도 중요하다는 입장을 가져야 한다. 또한 아이들과의 관계를 위해서는 그 행동 뒤에 숨은 충족욕구를 알아주는 것이 중요하다.

넷째, 부탁은 상대가 나에게 어떻게 해주기를 바라는지를 표현하는 것이다.

부탁은 자신의 욕구를 의식하고 자신이 원하는 것을 표현하는 것이다. 추상적이고 애매모호한 말보다는 명확하고 구체적인 말로, 원하는 것을 충분히 표현하면 긍정적인 행동을 유도할 수 있다.

"수업시간에 쓸데없는 짓 하지 마!"

이런 표현은 추상적이기도 하고 부정적인 표현이므로 다음과 같이 구체적이고 긍정적인 부탁으로 표현하는 것이 좋다.

"수업시간에 선생님 말에 집중해주면 좋겠는데, 괜찮겠니?"

부탁을 할 때에는 "괜찮겠어?", "넌 어떻게 생각해?", "넌 어때?"와 같은 표현으로 상대의 의견을 물어보면서 하는 것이 더욱 좋다. 이런 표현은 상대에게 존중받는 느낌을 준다.

아이와 소통을 하고자 한다면서 사실은 아이를 쉽게 판단하고 강요하거나 비교하고 충고하는 말로 대화하지는 않았는지 되돌아보고, 상처받지 않는 소통방법을 통해 아이들과 대화하는 방법을 찾아보자.

대화를 방해하는 말들

판단/평가, 강요, 비교, 당연시, 책임을 부인하는 말은 상대와의 대화를 연결하지 못하고 단절되게 만든다.

1. 판단/평가하는 말
   - "너는 너무 게을러.", "너는 너무 무책임해."

2. 강요하는 말
   - "시키면 시키는 대로 해." "안 하면 안 돼."

3. 비교하는 말
   - "다른 친구들 하는 것 좀 봐라.", "옆반 아이들은……"

4. 당연시하는 말
   - "숙제를 안 했으니 당연히 벌 받아야 해.", "선생님 말은 들어야지?"

5. 책임을 부인하는 말
   - "다른 애들도 다들 그랬어요.", "그 애가 놀려서 때렸어요."

질문이 바뀌면 생각이 바뀐다

질문을 했다가 무안해진 경험이 있다면 그 뒤로 아이들은 쉽게 질문을 하지 못하게 된다.

"그런 것도 질문이라고 하니?"

"수업시간에 뭘 들었니? 아까 설명하지 않았어?"

이런 말들은 아이를 위축되게 만든다. 뻔한 질문을 해서 창피를 당하게 되면 더더욱 그렇다. 다른 친구들은 다 아는데 나만 모르는 것 같아 창피할 수도 있다. 그러면 점차 질문은 사라지고 수업을 받을 때도 받아 적기만 하게 된다.

2010년 G20 정상회담 폐막 기자회견장에서 미국의 오바마 대통령은 연설 후 한국 기자들에게 질문 기회를 주었다.

"한국 기자들에게 질문권을 하나 드리고 싶습니다. 정말 훌륭한 개

최국 역할을 해주셨으니까요."

"……."

순간 정적이 흘렀고, 어색한 침묵이 흘렀다.

"누구 없나요?"

"……."

그때, 한 기자가 일어서 마이크를 잡았다.

"실망시켜드려 죄송하지만 저는 중국 기자입니다. 제가 아시아를 대표해서 질문해도 될까요?"

일어난 기자는 한국 기자가 아닌 중국 기자였다.

"하지만 공정하게 말해서 저는 한국 기자에게 질문을 요청했어요."

"한국 기자들에게 제가 대신 질문해도 되는지 물어보면 어떨까요?"

"그것은 한국 기자가 질문하고 싶은지에 따라서 결정되겠네요. 없나요? 아무도 없나요?"

잠시 시간이 흐른 후, 결국 질문권은 중국 기자에게 넘어갔다.

왜 그 많은 한국 기자들은 아무도 질문을 하지 않았을까?

그동안 우리나라 교육에서는 질문하는 습관을 길러주지 못했다. 기자들 사이에서도 가만히 있으면 중간이라도 간다는 생각이 퍼져 있었을지 모른다.

나도 학창시절에 선생님께서 질문이 있느냐고 했을 때 자신 있게 손을 들어 질문한 기억이 없다. 이해가 잘 안 되는 부분이 있어도 선생님께 질문하지 않고 공부 잘하는 친구에게 물었다. 수업시간에 한두 번의 질문은 그냥 넘어갈 수 있지만, 그 이상의 질문을 하면 반 친구들의 따가운 시선을 받을 수도 있기 때문이다.

'쟤는 왜 저렇게 나서는 거야?'

이렇게 비아냥대는 시선을 느낄 수도 있다.

질문을 잘하지 못했을 때의 부끄러움, 그리고 친구들의 비아냥까지 생각하면 질문을 하기보다 차라리 침묵해서 '중간만 가자'라고 생각할 수도 있을 것이다. 하지만 궁금증이 생겼을 때, "가만히 있으면 중간이라도 간다."라든지 "침묵은 금"이라는 말들은 맞지 않는다.

'질문(質問)'이라는 단어의 정의를 사전에서 찾아보면 '알고자 하는 바를 얻기 위해 묻는 것'이라 되어 있다. 질문을 하려면 궁금한 것이 있어야 하고 알려는 욕구도 있어야 한다. 인류에게 호기심과 질문이 없었다면 지금과 같은 문명과 문화도 이룰 수 없었을 것이다.

> 뭘 몰라서 어쩔 수 없이 입을 다무는 것을 '침묵은 금'이라고 대접한다면 무지가 세상을 지배하게 된다.
>
> – 유시민, 『유시민의 글쓰기 특강』 생각의길, 2015, 135쪽

그렇기 때문에 언제든 질문을 할 수 있는 교실 분위기, 질문을 통해 생각하고 협업하는 교실을 만들려면 교사의 역할이 중요하다. 언제든지 궁금한 것이 생기면 자유롭게 질문할 수 있도록 허용적인 분위기를 만들어주는 것도 교사가 할 일이다.

아이들이 수업에 빠져들게 만드는 것은 교사의 발문이다. 발문의 한자어를 살펴보면 꺼낸다는 의미의 꺼낼 발(發), 묻는다는 의미인 물을 문(問)이다. 질문이 모르는 것에 대한 물음이라면, 발문은 물음에 대한 답을 알고 있는 사람이 상대에게 질문을 하여 다양한 측면에서 대답을 생각해보도록 하는 것이다. 즉 수업에서 교사가 묻는 것의 대부분이 발문이라 할 수 있다.

발문은 질문의 한 종류이고 질문의 한 가지 기법이다. 발문에는 의도가 있다. 답을 요구하기도 하지만 학습자가 사고하는 과정을 중요시한다.

질문이 알고 있는 지식에 대한 확인이라면 발문은 종합적인 사고를 유발하는 질문 기법이다. 또한 생각해보지 않은 것에 대해 생각해보게 하고, 낯설지 않은 것을 낯설게 보면서 의문을 갖게 한다.

그 밖에 DVDM이라는 질문기법도 있다. DVDM은 구기욱 CPF가 수년간 퍼실리테이션을 수행한 경험을 바탕으로 2011년에 직접 개발한 질문법으로, 간단하지만 매우 강력한 질문기법이라고 할 수 있다. DVDM은 Definition(정의), Value(가치), Difficulty(난관), Method(해법)의 약어인데, 불확정적인 개념을 명확히 하고 이에 대한 탐색을 통해 바람직한 상황을 실현하는 데 도움을 준다.

Definition(정의 질문)은 주제 또는 이슈가 되고 있는 개념을 명확히 하기 위하여 묻는 질문이다.

　예) '평가'란 무엇인가요? (주제나 이슈가 '평가'인 경우)

　Value(가치 질문)는 주제 또는 이슈가 되고 있는 개념이 어떤 의미와 가치를 지니는지를 확인하기 위하여 묻는 질문이다.

　예) '평가'가 중요한 이유는 무엇인가요?

　Difficulty(난관 질문)는 주제 또는 이슈가 되고 있는 개념을 실현하는 데 겪는 어려움이 무엇인지를 알아보기 위한 질문이다.

　예) '평가'를 (잘) 하기 어려운 이유는 무엇인가요?

　Method(해법 질문)는 마지막으로 주제 또는 이슈가 되고 있는 개념을 실현하고 개선하는 데 필요한 방법 또는 해법이 무엇인지를 알아보기 위한 질문이다.

　예) 어떻게 하면 '평가'를 (잘) 할 수 있을까요?

　좋은 수업에 왕도가 없듯이 좋은 질문과 좋은 발문이 무엇이라고 딱 잘라 말할 수는 없다. 하지만 편의상 수업의 효과와 관련해서 다음과 같이 질문의 등급을 나누어볼 수는 있을 것이다.

E 등급 : 질문과 발문 없이 교사 혼자 진도만 나가는 수업

D 등급 : 교사가 묻고 교사가 답하는 수업

C 등급 : 교사가 묻고 학생이 답하는 수업

B 등급 : 학생이 묻고 교사가 답하는 수업

A 등급 : 학생이 묻고 학생이 답하는 수업

학창시절의 수업시간을 생각해보자. 교사가 칠판 왼쪽 윗부분에서 시작하여 칠판 오른쪽 아래까지 판서를 하면 학생들은 따라 적고, 그걸 외우는 방법으로 수업을 했다. 질문이 있는지 물어보지도 않고, 질문도 거의 없는 수업의 형태였다. 이러한 수업은 E등급이다.

교사 "우리나라 가장 동쪽에 있는 섬이 어떤 섬인지 아니?"

학생들이 생각할 시간도 주지 않고 질문과 동시에 바로 답한다.

교사 "그건 말이지. 바로 독도란다."

이런 수업형태가 D등급이다.

교사 "우산국을 정복한 신라의 장수는 누구일까요?"

학생 "이사부입니다."

교사가 묻고 학생이 답하는 수업의 형태, 교실에서 보통 가장 많이 이뤄지는 이러한 수업은 C등급이다.

학생 "독도의 어떤 가치 때문에 일본이 영유권을 주장하는 거죠?"

교사 "독도는 군사적인 가치뿐만 아니라 천연가스 등 경제적으로 가치가 매우 큰 섬이에요."

이렇게 학생 스스로 질문을 찾아 교사에게 물어보는 수업의 형태는 B등급이다.

학생 "일본은 어떤 근거로 독도의 영유권을 주장하나요?"

교사 "음, 혹시 이 질문에 자신의 생각을 말해줄 친구 있나요?"

학생 "제가 알기로는 1905년 시네마현의 고시에 근거를 두고 주장하고 있다고 생각합니다."

이렇게 학생의 질문을 학생들 스스로 해결해나가도록 교사가 도와주는 역할을 하는 수업의 형태가 A등급이다.

따라서 교사가 주도하는 수업보다는 학생 주도 수업이 아이들이 활발한 사고를 하는 데 좋다. 학생에게 질문을 할 때는 다음과 같은 점에 유의한다.

먼저, 질문을 할 때에는 한 번에 하나의 발문을 하는 것이 좋다. 예를 들어, "일본이 임진왜란을 일으킨 이유와 조선의 대비책은 어떠했나요?"보다는 "일본이 임진왜란을 일으킨 이유는 뭐죠?", "임진왜란 당시 조선의 전쟁대비에 대한 생각은 어땠나요?"라고 묻는 것이 낫다.

또, 포괄적인 발문보다는 구체적인 발문을 하는 것이 좋다.

"학교에서 왜 질서를 지켜야 할까요?"보다는 "복도나 계단에서 우측통행을 하지 않으면, 어떤 일이 일어날까요?"라고 발문을 하면 구체적인 상황에 대해 생각하게 된다.

그리고 단순 암기에 대한 발문보다는 종합적인 사고를 할 수 있는 발문이 좋다. 예를 들어, "조선의 도읍지는 어디일까?"보다는 "왜 조선의 도읍지를 한양으로 정했을까?", "어떤 조건 때문에 조선의 도읍지를 한양으로 정했을까?"라고 질문하면 당시의 상황과 위치 등 여태까지 배웠던 것을 총망라하여 연결 짓게 되기 때문에 사고력을 높일 수 있다.

수업 중 질문과 발문의 효과는 아이들의 창의성과 사고력을 높이기도 하고, 수업의 긴장감을 높여 아이들을 수업 안으로 끌어들이는 효과가 있다.

"질문이 바뀌면 생각이 바뀐다."

아이들이 질문을 하도록 유도하려면 매 시간 수업을 하는 동안 생각나는 질문을 적도록 지도하면 좋다. 그러면 질문거리를 찾기 위해 수업 내용에 더욱 귀 기울이게 된다. 수업시간에 교사의 말을 주의 깊게 듣지 않는 아이는 질문할 것도 없기 마련이다.

EBS 프로그램 〈공부의 왕도〉에서도 질문 공부법을 통해 성적이 오른 학생의 경험이 소개됐다. 이 학생은 수업시간에 집중력을 높이기 위해 수업을 듣고, 의문점을 질문노트에 적으며 공부해 좋은 결과를 얻었다. 질문 공부법은 수업시간뿐 아니라 혼자 공부할 때도 효과를 발휘하여, 학생이 공부에 흥미를 갖게 되고 성적도 오르게 된다는 내용이었다.

질문도 많이, 자주 하다 보면 질문능력이 향상된다. 처음에는 단순한 질문이나 수업 내용을 되짚는 정도의 수준에서 시작하지만, 점차 생각하는 질문, 창의적인 질문으로 발전하게 된다.

교육은 해결책을 제시하는 것이 아니라 질문을 던지는 것이어야 한다. 교사는 문제에 대한 답을 알려주는 역할에서 그치지 않고, 앞으로 세상을 향해 나아갈 아이들이 스스로 질문할 수 있도록 준비하는 기회를 제공해야 한다.

이 우주에서 우리에게는 두 가지 선물이 주어지는데 그것은 사랑하는 힘과 질문하는 능력이다.

– 메리 올리버, 『휘파람 부는 사람』, 마음산책, 2015, 서문

질문의 7가지 힘

- **질문을 하면 답이 나온다.**
  질문을 하면 맞든 틀리든 답이 나오기 마련인데, 질문을 계속하면 점점 바른 답에 도달할 확률이 높아진다.

- **질문은 생각을 자극한다.**
  질문을 하면 답을 하기 위해 생각을 할 수밖에 없고 생각이 점점 깊어진다.

- **질문을 하면 정보를 얻는다.**
  정보를 얻으려면 자신이든 남에게든 질문을 해야 하는데, 질문은 원하는 정보를 가장 빨리 얻는 방법이다.

- **질문을 하면 통제가 된다.**
  질문은 사고를 하게 되기 때문에 논리적이게 되고 감정이 통제된다.

- **질문은 마음을 열게 한다.**
  질문을 받고 있다는 것은 관심을 받고 있는 것이므로 마음이 열린다.

- **질문은 귀를 기울이게 한다.**
  정확한 답을 묻는 것인지, 그냥 의견을 묻는 것인지, 긍정 또는 부정적인 답을 원하는 것인지 구별하기 위해서 질문자를 주목하게 된다.

■ **질문에 답하면 스스로 설득이 된다.**

사람들은 다른 사람이 하는 말보다 자신이 하는 말을 더 믿는다. 사람들은 자기가 생각해낸 것을 더 믿기에 질문을 요령 있게 하면 사람의 마음을 특정한 방향으로 움직일 수 있다.

– 도로시 리즈, 「질문의 7가지 힘」, 더난출판사, 2016, 14쪽

4부

교사가 성장하면 아이도 성장한다

교사의 성장 걸림돌, 매너리즘과 나르시시즘

보통 대한민국 공무원을 '철밥통'이라고 한다. 아무리 세상이 변해도 공무원이라는 직업은 안정적이라고 생각하기 때문이다. 최근에는 워라밸(Work-life banlance) 라이프 스타일을 추구하면서 봉급이 많아도 밤새 일만 하는 대기업보다는 수업이 안정적이고 상대적으로 시간이 여유로운 공무원을 선호하는 경향이 있다. 그러한 의미에서 보면 교사라는 직업은 '철밥통'과 '워라밸'을 모두 가지고 있으므로, 선망의 대상이 되고 있다.

처음 교직에 들어오면 수업 준비와 교재 연구에 많은 시간을 투자한다. 하지만 교직생활을 하다 보면 해마다 거의 같은 패턴으로 운영되는 학교생활에 자칫 연구를 소홀히 하며 매너리즘에 빠지기 쉽다. 많은 교사들이 예전부터 해왔던 방식대로 그냥 적당히 수업을 준비하고 업무를 처리하며 학급 운영을 한다. 이를 매너리즘(mannerism)에 **빠졌다**고 할 수도 있을 것이다.

매너리즘이란 사전적 의미로는 '항상 틀에 박힌 일정한 방식이나 태도를 취함으로써 신선미와 독창성을 잃는 일'이다. 어떤 일에 익숙해지고, 진취적이기보다는 예전 방식으로 편한 방법을 찾는 상황을 매너리즘에 **빠졌다**고 한다.

원래 매너리즘은 미술사적인 용어로, 르네상스 미술에서 바로크 미술로 넘어가는 과도기적인 회화 중심의 미술 양식을 말한다. 이탈리어의 '양식', '기법'을 뜻하는 '마니에라(maniara)'에서 유래했는데 기존의 방식이나 형식을 모방한 미술을 의미하기도 한다. 매너리즘 미술가들은 기존의 뛰어난 예술작품을 모방했지만, 지나치게 과장하여 부조화의 특징을 나타내게 되면서 이 단어는 점차 부정적인 뜻으로 사용되었다.

매너리즘에 **빠졌다**는 말은 교직 사회가 타성(惰性)에 젖었다는 이야기도 될 것이다. 타성이란 오래되어 굳어진 좋지 않은 버릇, 또는 오랫동안 변화나 새로움을 꾀하지 않아 나태하게 굳어진 습성을 말한다. 실제로 교직 사회는 자칫 매너리즘에 빠지기 쉽고, 타성에 젖기 쉽다. 변화가 적고, 잘하든 잘하지 못하든 겉으로는 크게 드러나지 않기 때문에 하던 대로 하기만 하면 얼마든지 큰 말썽 없이 지낼 수 있다. 그렇지만 교사가 매너리즘에 빠지면 그 피해는 고스란히 아이들에게 돌아간다.

교직에 들어서면 교사로 시작해 적어도 20~30년이 지나야 승진이나 전직을 하는 등의 변화를 겪게 된다. 참으로 길고 긴 시간이다. 물론 사람에 따라서는 그 기간이 짧아지기도 하고 그대로 교사로 정년을 맞이하는 경우도 있다. 이러한 교직의 특성 때문에 밖에서 볼 때에는 변화가 적어 보이고, 현실에 안주하는 무사안일의 철밥통 공무원으로 보기도 한다.

하지만 예전과 비교해보면 매너리즘에 빠진 교사는 그다지 많지 않다. 많은 교사들이 자신의 역량을 향상시키기 위해 각종 연수와 동아리, 연구회 등의 활동을 하면서 변화를 모색한다. 예전 방식대로 가르치는 교사는 많지 않다. 한편으로는 오히려 자신이 최고라고 생각하는 자기애(自己愛)에 빠진 교사들이 더 많아지는 경향도 있다.

교육대학을 졸업한 초임 교사가 스스로 마치 교육에 대해 많은 걸 섭렵한 것처럼 생각하는 경우도 있다. 기존의 학교 질서를 무시하기도 하고, 나이 든 선배 교사의 교수방법이나 학급운영방법을 구태(舊態)라고 폄하하기도 한다. 그러나 자신의 교육방법만이 옳다고 생각하는 것은 자아도취이자 나르시시즘(narcissim)에 불과하다.

이처럼 나르시시즘에 빠진 교사는 자신의 교육방법을 최고로 생각하기 때문에 다른 사람의 의견이나 교육 방법을 쉽게 받아들이지 못한다. 결국 협업이나 의견 통합에 문제가 발생하게 되고, 이는 교사 자신의 발전과 변화를 더디게 한다.

교육에 있어서 매너리즘이 현실에 안주하며 변화하지 않는 것이라면, 나르시시즘 역시 자신만이 최고라 생각하여 다른 의견이나 교육방법을 받아들이지 못하고 변화하지 못하는 것이다. 나태와 자아도취 모두 교사의 성장을 가로막는 것들이다. 매너리즘과 나르시시즘에 빠지지 않으려면 끊임없이 배우고 노력해야 한다.

교사는 전문직일까? 이 질문을 교사에게 하면 대부분의 교사는 당연히 전문직이라고 답한다. 전문적인 교육을 받지 않은 사람은 제대로 아이들을 가르치고 생활지도를 하기 어렵다고 생각하기 때문이다. 하지만 다른 사람들에게 교사가 전문직이냐고 물으면 고개를 갸우뚱하는 경우도 적지 않다. 임용고사를 통과한 것 말고는 학원 강사와 별반 다르지 않다고 생각하는 사람들도 있다. 이러한 생각들은 아이들을 가르치는 일이 고도의 전문능력이라고 생각하지 않기 때문이다.

일반적으로 전문직이라는 개념은 고도의 전문화된 교육과정을 이수하고 매우 까다로운 자격 과정을 거쳐 사회로부터 전문성을 인정받았을 때 쓰는 말이다.

— 경기교육연구소, 『교사생활월령기』, 에듀니티, 2017, 84쪽

교사가 되기 위해서는 교육대학이나 사범대학과 같은 전문화된 교육과정을 이수해야 하고, 임용고사라는 국가시험을 통과해야 한다. 그렇게 전문성을 인정받아야 비로소 교사가 된다. 전문직의 개념에 비춰 보면 분명 교사라는 직업은 전문직이다.

그러므로 교사에게 전문직으로서 갖춰야 할 역량과 사명감이 부족하다면 끊임없이 배우고 공부해야 한다. 공부는 누구에게나 자신을 찾는 과정이기도 하다. 철학자 이진경은『삶을 위한 철학수업』에서 다음과 같이 공부하는 삶을 강조한다.

늙는다는 것은 입력장치는 고장 나고 출력장치만 작동하는 상태이다. '늙는다'는 것은 생물학적인 현상이 아니라 동물행동학적 현상이다. 입력은 정지되고 출력만 되는 상태. 그러니 머리도 쓸 일이 없다. 이미 알고 있는 것만 출력하니까. 그래서 아무리 얘기를 해도 듣지 않고 하던 말만 계속한다. 몸도 그렇다. 새로 입력되는 게 없으니, 하던 것만을 한다. 누군가가 이런 상태에 있다면, 그는 나이 마흔이 안 되었어도 이미 충분히 늙은 것이다. 반면 나이가 일흔이 넘어도 계속 무언가 입력하여 몸과 마음을 바꾸어간다면 아직 늙었다고 할 수 없다. '젊다'는 것은 무언가가 끊임없이 입력되고 입력된 것을 처리하기 위해 뉴런들이 새로운 연결망을 만들고, 그에 따라 새로운 패턴의 출력이 언행으로 나타나는 것이다. 이런 프로세서를 '공부'라 하고, 이런 상태에 있는 사람을 '학인'이라 부른다. 따라서 젊다는 것은 공부하며 살고 있음을 뜻한다.

– 이진경,『삶을 위한 철학수업』 문학동네, 2013, 249쪽

교사는 아이들을 가르치는 전문적인 직업이므로 끊임없이 배우고

연구해야 한다. 하던 대로 가르치는 매너리즘과 자신의 교육방법만이 최고라고 여기는 나르시시즘은 모두 교사가 경계해야 할 것들이다.

　누구에게나 변화는 어려운 일이다. 교육에 대한 변화를 걱정하거나 두려워하기보다는 그 변화에 대해 계획하고 준비해서 당당히 맞서는 전문적인 교사가 되었으면 좋겠다.

　사람들은 모든 것을 바꾸길 원한다. 하지만 동시에 모든 것이 지속되길 바란다.

– 파울로 코엘료

"제자리에 있기 위해서는 끊임없이 뛰어야 한다."

이 말은 『이상한 나라의 앨리스』의 후편 『겨울 나라의 앨리스』에 등장하는 붉은 여왕이 한 말이다. 자신이 움직일 때는 주변의 환경이나 경쟁 상대도 함께 움직이기 때문에 제자리에 있기 위해서는 끊임없이 뛰어야 하고, 다른 사람보다 뛰어나기 위해서는 그 이상을 달려야 한다고 말한 것에서 비롯되었다. 이러한 현상을 시카고 대학의 진화학자 리 반 베일른(Leigh Van Valne)은 '붉은 여왕 효과'라고 말했다.

학창시절, 학년이 올라가면서 공부를 열심히 한다고 했지만 성적이 그대로거나 오히려 떨어졌던 경험이 있을 것이다. 나만 열심히 하는 게 아니라 주변 친구들도 열심히 하기 때문에 더 열심히 하지 않으면 제자리를 지키기도 어렵다.

교사도 마찬가지. 현실에 안주하고 예전의 방식대로만 가르친다면 아이들을 가르치는 능력은 뒤떨어질 수밖에 없다. 교육에는 지속적으로 변화와 발전이 필요하기 때문이다.

한때 세계 필름 사진을 주도했던 미국의 코닥(Kodac)사의 경우는 제때 변화를 하지 못해 도태된 대표적인 사례이다. 코닥은 세계 최초로 디지털 카메라를 개발했지만 필름 카메라 시장이 피해를 입을 것을 염려하여 상용화를 늦췄다. 하지만 디지털 카메라가 대중화되고 필름 카메라 시장이 급속도로 위축되면서 결국 코닥은 2012년 파산 신청을 했다.

아이들을 가르치는 교사도 최소한의 제자리를 지키기 위해서는 끊임없는 연구와 도전이 필요하다.

재밌는 수업, 재밌는 학교

케네디 스코어라는 말을 들어본 적이 있는가? 야구 경기에서 손에 땀이 날 만큼 재미있는 경기의 점수차를 케네디 스코어라고 한다. 스포츠광이었던 미국의 전 대통령 존 F. 케네디는 상원의원이던 1960년, 대통령 후보 출마 선언 TV 토론회에서 한 기자의 질문에 이렇게 답했다.

"야구에서 가장 재미있는 경기의 스코어는 몇 점이라고 생각합니까?"

"8대 7 경기입니다."

"왜 그렇게 생각하시죠?"

"한쪽 팀이 점수를 내면, 다른 팀이 따라붙거나 역전을 시키고, 또다시 동점과 역전을 만들어서 마지막까지 손에 땀을 쥐게 하고, 경기에서 눈을 뗄 수 없는 점수 차이기 때문이죠."

야구경기에서 8대 7 경기는 점수가 나지 않는 지루한 투수전 경기도 아니고, 점수 차가 10점 이상 나서 결과가 뻔한 경기도 아닌, 난타전과 역전극이 발생하는 점수이기 때문에 그렇게 말했을 것이다.

이후 '케네디 스코어'는 야구 경기에서 가장 재미있는 경기를 일컫는 대명사가 되었다.

축구에서도 이와 비슷하게 가장 재미있는 경기를 가리켜 '펠레 스코어'라고 하는데, 펠레 스코어는 3대 2 경기를 말한다. 브라질의 축구 황제 펠레가 축구에서는 한 골 차이의 승부, 그중에서도 3대 2 경기가 가장 재미있다고 말한 것에서 유래한 이야기다. 같은 한 골 차이 경기라 하더라도 1대 0처럼 골이 적게 나는 경기나 4대 5처럼 많은 골이 나는 경기보다 15~20분 간격으로 한 골씩 터지는 경기가 더 흥미롭다는 것이다.

케네디 스코어와 펠레 스코어에는 공통점이 있다. 평균 네 시간 정도를 경기하는 야구에서는 17분 간격으로 점수가 나오는 8대 7 경기가, 전후반 90분으로 이루어지는 축구에서는 평균 18분 간격으로 골이 나오는 3대 2 경기가 가장 재미있다는 것이다.

이것은 인간 뇌의 집중력이 15~20분 정도라는 정신의학의 연구 결과와도 어느 정도 맞는 이야기이다. 일반적으로 인간의 뇌는 20분이 지나면 집중력이 낮아진다고 한다. 재미있다고 느끼는 영화나 드라마에도 대략 20분 간격으로 중요한 장면이 나온다는 것도 흥미로운 사실이다.

흥미를 가지고 집중할 수 있는 시간이 15~20분 정도라는 것이 어느 정도 일리가 있다고 생각된다면, 앞의 예처럼 뇌의 집중력 시간을 고려하여 수업에도 적용해볼 만하다.

보통 아동이 학습에 집중할 수 있는 시간은 약 15분 정도라고 한다. 저학년일수록 학습에 집중할 수 있는 시간이 더 짧은 것은 사실이지만 고학년이 되어도 15분을 넘기면 수업에의 참여율이 떨어지고 만다. 따라서 15분마다 학습 문제 혹은 학습 방법을 바꾸는 것에 대한 연구도 필요할 것이다.

아동의 학습 의욕을 지속시키고 아동이 주체적으로 학습에 참여하도록 하려면 우선 수업이 재미있고 이해하기 쉬워야 한다. 아동의 마음을 끌어당길 수 있는 수업을 만드는 것은 교사에게 주어진 과제이다. 운동경기에서 집중력이 흐트러지고 흥미를 잃을 때쯤 운동경기에서 점수가 나면 재미있는 것처럼, 수업도 수업시간 내내 중요한 내용만 가르치는 것보다는 흥미를 잃지 않도록 계획하는 것이 중요하다고 할 수 있다.

예를 들어 체육이나 실과 실습시간 등이 연달아 이루어지면 수업에 활력은 있지만 통제력이 약화되어 학생들의 집중력이 떨어지고, 반대로 주로 앉아서 듣기만 하는 수학이나 사회 과목과 같이 수동적인 활동이 연달아 제공되면 교실의 활력이 사라진다.

재미없는 수업은 지루하기 짝이 없지만 재미있는 수업은 시간 가는 줄 모른다.

"선생님, 이번 시간 벌써 끝났어요? 한 시간이 10분 같아요."

이렇게 어떤 재미에 빠지면 시간, 공간, 자신에 대한 생각까지 잊어버리게 되는데, 이것을 몰입(Flow)이라고 한다.

아이들이 자기 실력보다 해야 할 과제가 더 높거나 많으면 불안과 두려움을 느끼게 되고, 실력에 비해 과제가 낮으면 지루함을 느끼게 된다. 그래서 아이들 각각에 맞는 개별화 지도가 필요하다. 아이들이 게임에 재미를 느끼는 것은 자신의 능력에 맞게 계속적으로 단계가 높아지기 때문이다. 능력에 맞는 적절한 과제가 주어졌을 때, 아이들도 공부에 재미를 느끼게 된다.

학교는 원래 재미있는 곳이다. 학교(School)의 어원인 스콜레(Schole)는 본래 그리스어로 '공부하다', '삶을 즐기다', '여가를 즐기다'라는 뜻이다. 학교는 재미있는 곳이어야 하고, 재미있게 사는 법을 가르치는 곳이어야 한다. 배운다는 것은 원래 재미있는 일이다.

재미없는 수업은 없다. 재미없게 가르치는 교사가 있을 뿐이다.

흥미 있는 수업

보통 재미있는 수업을 들었을 때, 아이들은 "어? 벌써 끝날 시간이 됐어요?", "이렇게 시간이 빨리 지나갔는지 몰랐어요." 등과 같이 반응한다. 아이들이 교사의 수업에 푹 빠져서 다른 것에는 관심이 없는 상태도 몰입이다. 아이들이 수업에 몰입할 수 있도록 하는 것이 교사의 최대 고민이다. 다음과 같은 방법으로 아이들의 흥미를 높일 수 있다.

1. 수업 중에 의문을 갖도록 하면 학습에 열중하게 된다.
2. 신체를 통해 학습하게 하면 이해가 빠르고 쉽게 잊히지 않는다.
3. 아동 스스로 자료를 수집하면 학습 의욕이 높아진다.
4. 때로는 교사의 의도적인 실패가 수업에서 좋은 효과를 낸다.
5. 15분 정도의 단위로 수업에 변화를 주면 집중력이 지속된다.

좋은 교사의 출발, 롤 모델을 찾아라

교사라면 누구나 능력 있고 아이들에게 사랑받는 좋은 선생님이 되기를 바란다.

'어떻게 하면 좋은 선생님이 될 수 있을까?'

예전에는 학생을 잘 관리하고, 교과지식을 잘 전달하며 행정업무를 깔끔하게 처리하는 교사가 좋은 교사라고 생각했다. 학생들은 수동적이었고, 교과지식을 불변의 진리라 생각했으며, 행정업무를 학급 운영보다 더 중요하게 여겼을 때에는 그러한 모습이 좋은 교사로 받아들여졌다. 하지만 이제는 시대가 변했다. 학생은 능동적으로 행동하고, 교과지식은 상대적인 지식일 뿐 절대적이지 않다. 또한 더 이상 아이들 지도에 비해 행정업무를 우선순위에 두지 않는다. 이런 시대에 맞는 좋은 교사의 모습은 예전과는 다르다.

선동열 선수와 그의 롤 모델 최동원 선수

　보통 자신이 속해 있는 어떤 일에서 성공하고자 할 때는 그 분야에서 롤 모델을 찾아 따라 하게 된다. 영화《퍼펙트 게임》은 치열한 승부를 벌였던 고(故) 최동원 선수와 선동열 선수의 모습을 그리고 있다.

　선동열 선수는 이런 말을 했다.

　"야구선수로서 최동원 선수를 롤 모델로 생각했고, 아마추어 때부터 프로에 가면 꼭 최동원 같은 선수가 돼야겠다고 생각했습니다."

　방송인 김성주 역시 자신의 롤 모델이 손석희 아나운서라고 했다. 아나운서 시험에서 몇 번 탈락하고 케이블 TV에서 방송하면서 대학교 방송국의 아나운서보다 못하는 아나운서라는 핀잔을 들었는데, 이를 극복하고자 당시의 모든 아나운서가 나오는 장면을 녹화하여 매일 반복하여 들었다고 한다. 어떤 변화가 일어났을까? 놀랍게도 자신이 닮고 싶은 손석희, 이재용 아나운서와 비슷한 어조로 말하게 되었다는 것이다. 이를 바탕으로 그는 5년 만에 자신의 꿈인 아나운서 시험에 합격했다.

그럼 우리 교사들은 어떻게 하면 좋은 선생님이 될 수 있을까? 앞의 사례와 같은 방법을 사용하면 되지 않을까 생각한다.

먼저, 가까운 곳에서 롤 모델을 찾아 그 선생님의 좋은 점을 따라 하는 방법이다. 학교에서 근무하다 보면 여러 선생님을 볼 수 있다. 가까운 곳의 교사 중에 가장 선생님다운 선생님을 떠올려보자. 누가 봐도 선생님다운, 본받을 만한 교사가 있을 것이다. 그 교사를 자신의 롤 모델로 삼아 비슷하게 하고자 노력한다면, 그 모습에 가까워질 수 있다. 교사로서 완벽한 롤 모델을 찾기 어렵다면 부분적인 롤 모델을 찾는 것도 좋은 방법이다. 수업혁신에 대한 롤 모델, 학생 지도에 대한 롤 모델, 학부모와의 관계에 대한 롤 모델, 동료 교사와의 관계에 대한 롤 모델, 교무업무 처리에 대한 롤 모델…….

이렇게 부분적으로 자신의 롤모델을 찾아 비슷하게 실행해보면 분명히 좋은 선생님이 될 수 있다.

또 한 가지 방법, 선생님으로서 좋지 않은 모델을 찾아 그렇게 하지 않으면 된다. 반면교사(反面教師)라는 말이 있지 않은가? 즉, 좋지 않은 모델의 교사를 찾아 그 모습을 피한다면 최고의 교사가 되지는 못하더라도 적어도 좋지 않은 교사의 모습은 피할 수 있게 된다.

누군가를 따라 한다는 것 자체를 그다지 좋지 않게 생각할 수도 있다. 하지만 단순한 모방이 아니라, 좋은 모습을 따라 하다 보면 자신만의 교육철학이 생기고 학생 지도에 노하우도 생기게 된다.

좋은 예술가는 모방하지만, 위대한 예술가는 훔친다.

– 피카소

어떤 일이든 처음 시작할 때는 그 분야의 경험자나 숙련된 사람을 모방하고 따라 하게 된다. 위대한 운동선수나 예술가도 처음에는 마찬가지였다. 아무것도 없는 상태에서 창의성을 발휘하기는 힘들다. 롤 모델을 보고 모방하여 점차 자신만의 방법으로 교육철학을 정립할 수 있는 것이다.

유능한 교육자의 핵심 특징에는 여덟 가지 요소가 있다고 합니다. 학생을 위한 배려, 지식, 열의, 준비, 명확하게 설명하기, 토론 유도하기, 학습 동기 부여하기, 배움에 대한 존중심 고취하기입니다. 이 중에서도 가장 중요한 핵심은 '학생을 위한 배려'라고 합니다. 이 최고의 핵심요소는 선생님 마음 중심에 학생이 존재할 때에 가능한 요소입니다. 따라서 학생 중심이라는 단어는 유능한 교육자를 의미합니다.

– 조벽, 『조벽 교수의 인재혁명』, 해냄, 2010, 195쪽

"교육의 질은 교사의 질을 넘어설 수 없다."라고들 말한다. 아이들을 교육하는 사람이라면 이 말에 이의를 제기할 사람은 없다. 과거의 교육환경에 비하면 현재의 교실은 많은 기자재와 학습자료들로 넘쳐나지만 과거의 교육보다 지금의 교육이 더 나아졌다고 단정하기는 어

렵듯, 교사의 질 또한 예전 교사에 비해 나아졌다고 말하기에는 뭔가 부족하다. 결국 교사의 질이 나아졌다고 말할 수 없다면 교육 또한 나아졌다고 말하기 어렵다.

좋은 교육의 조건은 학생 중심의 교육일 것이다. 그렇다면 좋은 교사의 조건은 무엇인가? 이 또한 학생을 중심으로 하는 교사일 것이다. 결국 모든 교육활동에서 학생을 중심으로 생각하고 교육하는 교사가 좋은 교사다.

좋은 교사, 유능한 교사가 되는 가장 쉬운 방법은 학생을 먼저 생각하고 배려하는 학생 중심 교사의 롤 모델을 찾아 따라해보는 것이다.

롤 모델 흉내 내기

나는 어떤 교사가 되고 싶을까?

아이들을 잘 가르치는 교사, 아이들에게 정을 많이 쏟는 교사, 아이들과 재밌게 지내는 교사, 전문적인 교사……

보통 자신이 되고 싶은 모습이 있다면 해당 분야의 롤 모델에게서 영향을 받게 된다. 스케이트 선수라면 김연아 선수를 롤 모델로 정하고 그 선수의 특별한 연습방법을 흉내 낼 것이다. 흉내 내기는 미래에 자신이 되고 싶은 모습, 자신의 롤 모델을 지속적으로 따라 하는 것이다.

롤 모델을 따라 하면 우리의 뇌는 내가 진짜 롤 모델의 대상이 되었다고 생각하게 된다. 미국의 심리학자 윌리엄 제임스는 뇌가 생리현상에 반응한다는 것을 밝혔다. 불안해서 자신의 손톱을 물어뜯으면 더 불안하고, 자꾸 웃으면 더 행복해지는 것처럼 말이다.

자신이 되고 싶은 모습의 롤 모델이 있다면 자신의 뇌를 속여서 자신이 그 롤 모델이 된 것처럼 행동하여, 그와 같은 모습을 이뤄낼 수 있다.

다시 나는 어떤 교사가 되고 싶은지 물어보자.

자신이 되고 싶은 교사의 롤 모델을 찾아 따라 하며 뇌를 속여보자. 생각보다 사람은 자신의 뇌를 속이기 쉽다.

"Fake it, untill you become it."(속여라, 당신이 그렇게 될 때까지)

교사, 자신의 스토리로 설명하라

한국 사회에서는 잘 모르는 상대와 인사할 때, 자신을 소개하는 명함을 건넨다. 별로 궁금하지 않은데도 명함을 내밀며 자신이 누구인지 소개한다.

"문화상사에 근무하는 과장 김형욱입니다."

"아, 그렇습니까? 저는 명함이 없어서……."

또 자신을 소개할 때 자신이 근무하는 곳을 먼저 소개하는 경우가 많다. 사회적으로 괜찮은 직업과 직위가 그 사람을 대변해준다고 생각하는 것이다. 그래서 사회적으로 크게 인정받지 못하는 직업을 가진 사람은 상대적으로 주눅이 들기도 한다. 그러나 명함으로 자신을 소개하는 것이 그 사람을 이해하는 데 도움이 되긴 하겠지만, 직업과 직위가 그 사람을 다 알려주지는 못한다.

교사 집단도 마찬가지다. 워크숍이나 동아리 등 교사 모임에 참석해서 자신을 소개할 경우가 종종 있다.

"중앙초등학교에 근무하는 교사 김학준입니다."

"개산초등학교에 근무하는 교장 임수혁입니다."

천편일률적이라 할 정도로 비슷하다. 자신을 학교의 근무지로 소개하지 않고 평소 자신의 생각을 드러내며 소개하는 교사는 보기 드물다.

"사람과 인연을 소중하게 생각하는 문화초등학교 김완태입니다."

몇 년 전 어느 연수에서 이렇게 자기 자신을 소개했던 교사가 아직도 기억에 남는다. 자신이 근무하는 학교를 말하기 전에 자신이 어떤 사람이라는 것을 아주 간단히 말했을 뿐인데, 기억에 오래 남았다.

이렇게 남다르게 소개하는 것은 자신이 누군지를 확실하게 어필하는 방법이다. 자신이 어떤 사람인지 보여주는 것이다.

교사뿐 아니라 누구든, 사회적 지위를 내세우지 않고 자신이 어떤 사람이라는 것을 설명할 수 있어야 한다. 한국에서는 특히나 직업과 직위가 자신을 말한다고 생각하는 경향이 크기 때문에 퇴직을 하는 순간 자기 자신은 끝났다고 생각하기도 한다. 더 이상 자신을 말해주는 명함이 없기 때문이다. 그러나 직업과 직위가 아닌 자신만의 특성으로 자신을 소개할 수 있었다면 퇴직 후에도 자기 자신을 잃지 않을 것이다.

"별자리 관측에 관심을 가지고 있는 장성초 교사 조진호입니다."

"오카리나에 푹 빠져 있어 아이들과 함께 연주하는 용성초 교사 차태현입니다."

이렇게 다양하게 스토리를 만들어서 소개하면 자신을 좀 더 특별하게 소개할 수 있고, 스스로에 대해서도 더 깊이 생각하고 자신감을 가지게 된다.

아이들을 평가할 때도 마찬가지다. 어떤 아이가 모범생이라고 생각하는가? 여러 가지 기준이 있겠지만, 학교성적을 빼놓고 말할 수 없다. 물론 학교성적이 뛰어나다는 것은 그만큼 성실히 학교생활을 한 것이라고 볼 수 있으므로 필요조건은 될 수 있다. 하지만 성적만 좋다고 해서 모범생이라고 말할 수는 없다.

가끔 학교에서 강사 선정을 위해 면접위원으로 활동하게 되면, 이력서와 자기소개서를 보게 된다. 그런데 천편일률적인 이력서보다는 자기소개서를 더 자세히 읽어보게 된다.

이제는 스토리로 자신을 말해야 한다. 스토리는 자기소개서와 비슷하다. 이력서에는 일정한 서식과 틀이 있어서 그 항목에 맞는 것만 기록하지만 자기소개서는 제시된 기준이 없으므로 자신을 자유롭게 충분히 설명할 수 있다.

교사 자신을 스토리로 소개하고 설명할 수 있다면 아이들과 학부모, 동료 교사들로부터 더 많은 공감을 얻을 수 있다. 단지 어느 학교에 근무하고 있다고 말하는 것보다는 내가 관심 있어 하고, 좋아하고, 재밌어 하는 것이 무엇인지 스토리를 가지고 설명하면 더욱 더 자신을 잘 표현할 수 있다.

스토리가 있는 자기소개

면접에서 가장 좋은 자기소개는 어떻게 하는 것일까?

정답은 면접관이 듣고 뽑고 싶다는 생각이 드는 자기소개다.

그렇다면 어떻게 해야 면접관이 뽑고 싶다는 생각이 들까?

여러 가지 방법이 있겠지만 솔직하게 자신만의 스토리를 얘기하는 것이 좋은 방법이다. 경연 프로그램 〈슈퍼스타 K〉에 사람들이 열광했던 이유는 참가자들의 노래 실력 때문만은 아니다. 참가자들이 제각기 가지고 있는 스토리 때문이다. 외국의 유명한 음대를 졸업하고 악기도 잘 다루며 노래하는 참가자보다는 고시원에 사는 중장비 정비원이 자신의 아픔을 담아 노래를 했을 때 청중은 감동한다. 적절한 스토리는 듣는 사람에게 감정 이입을 하도록 만들어 감동을 선사한다.

새 학기가 시작되는 3월이면, 학급 홈페이지에 학급을 맡게 된 자신을 소개하는 글을 올리는 교사들이 많다. 교사의 교육철학 및 학급 운영에 대해 이야기하는 글과 함께 교사 자신을 표현하는 스토리를 더한다면 아이들과 학부모는 그 교사에게 감동받을 것이다.

가장 중요한 것은 지금 이 순간이다

카르페 디엠(Carpe diem). 지금 살고 있는 '현재 이 순간에 충실하라.' 라는 뜻의 라틴어이다. 이 단어는 기원전 고대 로마의 시인 호라티우스가 "현재를 잡아라, 내일이란 말은 최소한만 믿어라."라고 노래한 것에서 유래했다고 한다.

'카르페(Carpe)'는 '뽑다, 잡다'를 의미하는 말이고 '디엠(Diem)'은 '날'을 의미한다. 즉 '현재를 즐겨라.'라고 해석할 수 있다. 이 말은 1990년 개봉한 영화《죽은 시인의 사회》에서 키팅 선생님이 학생들에게 했던 말로도 잘 알려져 있다.

미국의 명문 웰튼 아카데미에 존 키팅 선생님이 부임하여 학생들에게 말한다.

"카르페 디엠, 오늘을 즐겨라. 소년들이여, 삶을 비상하게 만들어라."

　규율과 전통, 명예에 억압적으로 눌려 있던 학생들에게 자유라는 용어 대신 사용한 상징적인 말이다. 대학입시, 좋은 직장 등을 위해 현재의 삶과 즐거움을 포기하는 것보다 지금 살아가고 있는 이 순간이 어느 때보다도 중요한 순간임을 알게 해준다.

　카르페 디엠은 한때 유행했던 '욜로(YOLO)'란 말과도 상통한다. 이 말은 '인생은 한 번뿐이다(You Only Live Once).'라는 뜻의 영어 첫 글자를 딴 신조어이다. 현재의 행복을 중시하는 라이프 스타일을 뜻한다.

　카르페 디엠과 욜로는 무작정 충동적으로 놀기만 하자는 의미가 아니라 후회 없이 즐기고, 사랑하고 배우자는 삶의 철학이 담긴 말이다. 모두 현재에 충실하라는 비슷한 뜻을 가지고 있지만, 굳이 비교하자면 카르페 디엠은 내적인 즐거움에 충실하자는 개념이고, 욜로라는 말은 현재의 소비 스타일을 말하는 외형적 개념으로 생각해볼 수 있다.

　1인 가구가 점점 많아지는 요즘, 우리나라에서는 혼술, 혼밥, 혼영(영화), 혼여(여행)라는 신조어까지 만들어지고 있다. 욜로족은 미래를 위한 결혼, 출산을 포기하는 대신 현재 자신의 행복을 위해 소비를 한다. 자기계발과 취미에 투자하여 삶의 만족도를 높이고, 때론 직장을 그만두고 적금까지 해지하며 세계일주를 떠나기도 한다. 불확실한 미래에 투자하기보다는 현재의 행복을 중시하는 것이다.

　그동안 학교에서는 학생들에게 미래를 준비하라고 가르쳤다. 행복한 미래를 보장받기 위해서는 지금의 고통 따위는 무조건 참아야 하는 것이라고 말해왔다. 학창시절에 하고 싶은 일을 한다는 것은 미래를 포기하는 것이라고 생각했다.

교직생활에 있어서도 마찬가지였다. 첫 발령을 받은 초임 교사들에게 선배 교사들은 나중의 승진 준비를 위해 초임 때부터 이것저것 준비하라고 권한다. 각종 연수와 연구대회, 부장교사를 맡는 일은 물론, 도서벽지 농어촌에서 근무하면서 현재의 행복보다는 미래를 대비하라고 한다. 하지만 정작 불투명한 미래를 준비만 하다가 현재의 아이들과 나눌 수 있는 소소한 행복을 잃고 있지는 않은지 생각해볼 일이다.

우리는 미래를 위해 현재의 즐거움과 행복을 참도록 아이들에게 가르치지만 정작 그중 얼마 되지 않는 아이만이 자신이 원하는 대학과 직장을 얻는다. 아이들은 사회에 나가서도 월급의 상당 금액을 저축하고, 집을 사기 위해 젊었을 때부터 한 푼이라도 더 돈을 모아야 한다고 배운다. 하지만 정상적인 직장생활을 하면서 집 한 채 사기 힘든 요즘, 현재를 희생하면서 미래를 대비하라고 과연 그 누가 자신 있게 말할 수 있을까?

이제는 우리 교사들도 아이들에게 '카르페 디엠(현재를 즐겨라)', '욜로(인생은 한 번뿐이다)'라고 교육하는 것이 어떨까?

물론 교사 자신도 그런 삶을 살기 위해 노력할 필요가 있다.

소확행(小確幸) - 소소하지만 확실한 행복

소소하지만 확실한 행복. 갓 구운 빵을 크게 한입 베어 무는 것, 잘 다려진 셔츠를 입는 것 등 남에게 의미 없는 것으로 생각될지 모르지만 자신에게 행복감을 주는 것이 소확행이다.

좋은 집, 좋은 직장을 구하거나 해외여행을 떠나겠다는 거창한 목표 대신에 집 근처 공원에서 계절의 향기를 맡으며 좋아하는 음식을 먹을 때처럼 개인적이고 순간적인 행복에 만족하는 것이 소확행이다. 1986년 무라카미 하루키의 수필집에서 쓰인 이 표현은 2018년 대한민국의 라이프 트렌드를 주도했다.

우리가 소확행에 공감하는 이유는 행복을 위해 무언가를 포기하거나 무리해서 노력하지 않아도 되고, 가끔 오는 큰 행복보다 자주 느낄 수 있는 작은 행복에 대해 만족감이 크기 때문이다.

예전에는 열심히 공부하고 노력한 만큼의 대가가 확실한 사회였지만 요즘은 아무리 노력을 해도 보상이 거의 없거나 상황이 달라지지 않는 경우가 많다. 이런 상황에서 소확행은 지금, 적은 노력으로 느낄 수 있는 확실한 작은 행복이다. 미래와 현재의 균형을 잘 맞춰가며 현재를 즐겁게 생활하는 것이 소확행의 진정한 의미일 것이다.

흔히 교사가 즐거워야 아이들이 즐거울 수 있다고 한다. 이런 의미에서 교사에게 있어 소확행은 나만의 행복이 아니라 교실 속 아이들과 함께 즐겁게 생활하는 한 방법이 될 수 있다.

진정한 소확행은 나 자신만의 행복이 아니라, 나와 내 주변의 사람 모두 즐겁게 하는 것이다.

교사의 매력, 아이들을 끌어당기는 힘

교사들은 자신을 어떤 교사라고 생각할까?

이 질문에 교사들이 범하기 쉬운 오류가 있다. 교사들은 자신이 최고의 교사는 아니어도 중간 이상의 교사는 된다고 스스로 평가한다. 그런데 대부분의 사람들은 현실에 비해 자기 자신을 낙관한다. 한 연구에 따르면 자신이 중간 이하라고 생각하는 사람은 5% 미만에 불과하며 자신이 상위 20%에 포함된다고 생각하는 사람은 절반 이상이라고 한다.

'평균 이상 효과'라고 하는 이 비현실적 낙관주의는 생활 속에서도 찾아볼 수 있는데, 운전자의 90% 이상이 자신의 운전 실력이 평균 이상이라고 생각한다는 것이다. 자기 자신은 평균 이상이 된다고 생각하는 교사들도 이와 비슷한 수치일 것이다.

하지만 현실은 교사들이 생각하는 것만큼 낙관적이지 않다. 경기도교육청에서 학생 66만 명을 대상으로 한 설문조사 결과를 보면 가히 충격적이다. '존경하는 교사가 있는가?'라는 질문에 응답자의 60.4%가 '없다'라고 답했다. 교사는 많고 많지만 아이들이 진정으로 존경하는 교사는 별로 없다는 것이다. 어떻게 하면 아이들에게 존경받는 교사가 될 수 있을까? 또한 어떤 교사가 아이들에게 매력적인 교사일까?

몇 해 전, 대한민국에 열풍을 가져온 프로그램이 있다. 바로 〈슈퍼스타 K〉이다. 많은 청소년들이 너도나도 가수가 되기 위해 지원했다. 그런데 그 경쟁률이 얼마였을까? 무려 197만 : 1 이다. 197만이라면 감이 잘 오지 않을 수도 있는데, 전라북도의 전체 인구가 200만 명 정도이니, 그중에 한 명이 뽑히는 것과 같다. 도전하는 사람들은 이런 사실들을 모르고 있을까? 그렇지 않을 것이다. 하지만 자신만의 독특한 재능을 알아봐주는 사람이 있을 것이고, 뽑힐 수 있다고 생각하기 때문에 지원했을 것이다. 그렇다면 과연 어떤 사람들이 이렇게 엄청난 경쟁률을 뚫고 선발되는 것일까? 이 프로그램에서 방송인 윤종신 씨는 매력(魅力)이 있는 사람을 뽑는다고 말했다.

매력이란 무엇일까? 국어사전에서 찾아보면 '사람의 마음을 사로잡아 끄는 힘'이라고 되어 있다. 실력이나 외모로 설명할 수 없는 묘하게 마음을 끄는 힘, 이것이 바로 매력이다. 그렇다면 아이들에게는 어떤 선생님이 매력적일까? 수업 준비를 열심히 해서 학생을 잘 가르치고, 항상 바른 길로 지도하는 선생님일까?

학창시절 내가 좋아했던 선생님이 떠오른다. 그 선생님이 다른 선생님들보다 가르치는 능력이 뛰어나거나 외모가 멋있던 것은 아니다. 그래도 그 선생님과 함께 있으면 왠지 편안하고 따뜻했다. 교실 분위기가 딱딱해지지 않도록 유머 있게 이야기하고 아이들을 세심하게 살폈던 그 선생님을 나뿐만 아니라 다른 아이들도 좋아했던 것으로 기억한다.

내가 생각하는 매력적인 선생님은 항상 아이들과 함께하는 선생님이다. 아이들과 함께하는 시간이 많은 선생님은 아이들과 생각과 고민, 그리고 감정을 함께 나눈다. 함께하는 시간이 많으면 서로 대화할 시간도 많고, 친밀감을 형성하기에도 좋다. 또한 학생의 생각과 행동을 이해하는 것도 수월해진다. 교사가 각종 행정업무에 바빠서 교실에 있는 시간이 적고 아이들과 함께하는 시간이 적다면 아이들과 소통하기는 어려울 것이다.

유능한 교육자는 학생에게 많은 시간을 할애한다.

— 펠드먼(『조벽 교수의 인재 혁명』, 해냄, 2010, 198쪽에서 재인용.)

EBS에서 조사한 '아이들이 좋아하는 선생님' 순위를 보면, 잘생기고 예쁜 선생님은 순위에 없다. 잘생기고 외모가 멋진 선생님은 아이들이 진정 좋아하는 선생님도 아니고 매력적인 선생님도 아니라는 것이다. 외모를 치장하기보다는 아이들에게 애정과 관심을 가지고, 아이들의 공감을 얻고 마음을 움직이게 하는 교사가 진정으로 매력적인 교사이고, 아이들이 사랑하는 교사다.

아이들은 옳은 말을 하는 교사보다 자신을 이해해주는 교사를 더 좋아한다.

아이들이 좋아하는 선생님 best 5

5위. 재밌는 선생님

같은 내용을 말해도 재밌게 얘기하는 선생님이 있다. 학생들이 지루하지 않게 수업 내용을 재밌게 전달해주는 선생님은 매력적이다.

4위. 칭찬하고 격려해주는 선생님

작은 것도 놓치지 않고 칭찬과 격려를 해주는 선생님은 매력적일 수밖에 없다. 칭찬은 고래도 춤추게 한다고 했다.

3위. 잘 가르치는 선생님

선생님은 수업전문가이다. 어렵게 생각했던 것을 머리 속에 쏙쏙 들어가도록 잘 가르쳐주는 선생님이 매력적이다.

2위. 차별하지 않는 선생님

역시 편견 없이 평등하게 대해주는 선생님을 좋아한다. 학생들을 차별하지 않고 평등하게 대해주는 선생님이 매력적이다.

1위. 애정과 관심을 가져주는 선생님

아이들은 모든 학생들에게 정성 어린 애정과 관심을 가지고 잘못한 일이 있더라도 감싸주는 선생님을 최고의 선생님으로 뽑았다. 최고의 교사는 아이들에게 애정과 관심을 쏟는 교사다.

– EBS 프로그램 〈학교의 기적〉 1부 중에서

청춘의 교사는 늙지 않는다

어느덧 교육경력 20년이 훌쩍 지나고 있다. 언제 이렇게 시간이 빨리 지나갔나 싶을 정도로 교직생활이 빠르게 지나갔다. 첫 발령지는 나의 모교였다. 그때의 감격이란······.

엊그제 초등학교를 졸업한 것 같은데 내가 선생님이 되어 다시 모교에서 근무한다는 사실은 가슴을 설레게 했다. 교정에 있던 커다란 소나무도 그대로였다. 모든 것이 그대로 있고 나만 홀로 훌쩍 자라 어른이 된 것 같은 착각이 들었다. 발령 첫날 교문을 나서면서 교문 바로 옆의 조그마한 문구점에 들렀다. 어렸을 적, 하루에도 몇 번씩 드나들던 기억과 문구점 주인 아저씨와 아주머니의 모습도 생각났다. 문구점에는 아저씨만 있었다.

"안녕하세요? 저는 이 초등학교에 발령 받은 교사인데요, 제가 여기 졸업생이라서 예전 생각이 나서 한번 들렀습니다. 아주머니는 잘 계시죠?"

문구점 아저씨는 선생님이 된 걸 축하한다면서, 아주머니는 병으로 얼마 전 돌아가셨다고 하셨다. 잠시 얘기를 나눈 후, 문구점을 나서면서 쓸쓸한 마음이 들었다. 학교 앞 골목을 따라 걸으면서 어릴 적 하교길에 종종 집에 오면서 들렀던 호떡집에도 가보았다. 아직 그대로 호떡을 파시는 아주머니를 보니 너무나 반가웠다. 추억을 갖고 있다는 것, 그리고 그 추억을 다시 마주할 수 있다는 것이 얼마나 행복한 일인지 새삼 알게 되었다.

내 청춘이 고스란히 남아 있는 모교에서 초임교사로서의 열정을 태울 수 있었던 것은 청춘이었기에 가능했다. 청춘에는 실패와 시련이 있지만 꿈과 열정도 함께 있다. 처음 교사로서 학생들 앞에 섰을 때의 마음을 품고 있다면 아직도 청춘이다.

청춘! 말만 들어도 가슴이 설레지 않는가?

청춘은 나이가 아니라 열정이다.

지금까지의 모든 청춘은 실패했다. 세상 선배들의 모든 청춘이 그랬다. 하지만 그건 청춘이 실패를 겪을까 봐 아무것도 저질러보지 못한 이들의 후회일 뿐, 실패를 겪으면 창피할까 봐, 그 실패로 인해 또 다시 막막해질까 매순간 뒷걸음질을 했기 때문이다. 돌이켜보면 무엇이든 어느 때건 가능한 일투성이였다는 것을, 그것이 얼마나 멋진 일이었던

가를 세상 모든 선배들은 몰랐다. 그래서 선배들은 바보처럼 중얼거린다. '십 년만 젊었더라면… 십 년 전으로 돌이킬 수 있다면….'

하지만 그 십 년은 되돌려지지도 않을뿐더러 이미 아무렇게나 지나쳐 버린 십 년 전으로 되돌아간다 해도 그 청춘을 다시 성공으로 돌이킬 수는 없다.

— 이병률, '이야기, 일곱', 『끌림』, 달, 2010.

"교직생활을 하면서 가장 돌아가고 싶은 시절은 언제인가요?"라는 질문에 대부분의 교사는 20대의 초임 시절을 떠올릴 것이다. 초임 시절은 수많은 가능성을 가지고 있는 시기이기 때문이다. 도전해볼 수 있는 가능성과 기회가 많았던 그 시절을 누구나 그리워한다.

사람은 저마다 인생에서 빛나는 시기가 있다. 고된 삶 속에서 가장 찬란히 빛났던 순간이 바로 청춘이다. 그러나 교사로서의 청춘은 아이들에 대한 열정이 식지 않는 한 지속될 것이다. 아이들과 교육에 대한 열망이 있는 한, 청춘의 교사라고 할 수 있다. 청춘의 교사는 늙지 않는다.

이미 만들어진 길이 있는 곳으로 가지 말고, 풀숲을 헤치며 길을 만들어나가자. 언제나 마음에 청춘을 품고 아이들을 맞이하자.

긴 과거를 가지고 있으면 노인이고, 먼 미래를 가지고 있으면 청년이다.

— 도산 안창호

누구나 퇴직할 날은 온다

　　퇴근 후에 동료 교사들과 학교에서 멀지 않은 곳에 있는 당구장에 간 적이 있다. 그때는 일반적인 직장인들의 퇴근시간 전인 4시 30분쯤 이었기 때문에 손님이 많지 않았다. 그런데 그곳에서 꽤 많은 퇴직 교 사들이 당구를 치고 있는 모습을 볼 수 있었다. 그 뒤로도 몇 번 그곳에 서 어렵지 않게 그분들을 볼 수 있었다. 한두 번 만났을 때는 반갑기도 하고 좋았지만 이후 여러 가지 생각이 들었다. 퇴직 후 내 모습이 상상 되기도 하고, 퇴직 후에 어떻게 살아가야 할지에 대해서 고민도 되었다.

　　누구나 교단을 떠날 때가 되면 정도의 차이는 있지만, 후회하기 마 련이라고 한다. 또 사람은 인생의 긴 여정을 마치고 삶을 마칠 때, "걸, 걸, 걸." 하면서 후회한다는 이야기도 있다.

　　첫 번째는 "좀 더 베풀고 살걸."

두 번째는 "좀 더 용서하고 살걸."

세 번째는 "좀 더 재밌게 살걸."하고 후회한다는 것이다.

교직생활이 지금 당장은 힘들다고 생각되겠지만 퇴직한 교사들을 보면 그래도 아이들과 함께 있을 때가 행복했다고 말한다. 퇴직을 앞두고도 그런 마음이 아닐까?

"아이들에게 좀 더 따뜻하게 대할걸."

"아이들과 좀 더 많이 함께할걸."

"아이들과 좀 더 재밌게 지낼걸."

이런 후회를 하지 않을까 싶다.

후회를 하든 안 하든 퇴직의 시간은 다가온다.

퇴직 후, 교사의 모습은 크게 두 가지로 나뉜다. 학교와 관련 없이 사는 경우도 있고 학교와 관련 있는 일을 하는 경우도 있다. 함께 모임을 하는 분들 중에 퇴직하신 분의 삶을 보면 집에서 손주를 봐주시는 분도 있고, 경비원으로 일하는 등 평생 해온 교육과는 관련 없는 새로운 일을 하는 분들도 있다. 지역의 향교에서 아이들의 인성 예절 교육과 한자 교육을 하는 분, 노인대학의 노래 강사로 더 나이 드신 분들을 교육하는 분, 심폐소생술과 같은 안전교육을 하는 분 등 다양한 모습으로 학교와 관련 있는 일들을 하는 분들도 상당수 있다. 이렇게 퇴직한 교사들의 모습은 참으로 다양하지만 나에게 특히 인상 깊었던 분의 사례를 소개해보고자 한다.

이분은 교육복지 대상 아이들의 소질 개발을 위해 기악 합주부를 맡아서 매년 꾸준히 악기지도를 하시는 분이었다. 아이들이 학생문화축제에 참가하여 갈고닦은 악기 실력을 보이고, 꿈과 희망을 가질 수 있도록 도왔다. 음악을 통해 아이들의 심성을 바르게 성장하도록 하는 일은 의미가 있는 일이었다. 큰 무대에서 공연을 마친 아이들의 표정은 너무나 행복하고 밝았다. 교육의 효과라는 게 이런 거구나 하는 생각이 들었다.

한 퇴직 교사의 노력으로 아이들이 음악에 대한 호기심을 가지고 나도 할 수 있다는 도전정신으로 자신의 소질을 개발하는 모습을 보니, 이것이 진정한 교육의 모습이라는 생각이 들었다. 퇴직 교사의 헌신적인 노력으로 아이들이 교육적으로 성장할 수 있었던 것이다.

덴마크 교육의 아버지라 불리는 니콜라이 그룬트비(Nikolai Grundtvig)는 "좋은 교육이란 노트에 필기하고 시험에서 점수를 잘 받는 것이 아니라, 학생들의 호기심을 불러일으키고 자극하고 도전하는 것"이라고 했다.

퇴직 후 자신의 모습을 상상해보자. 경력이 얼마 되지 않은 젊은 교사라면 30년 이후의 퇴직을 생각하는 것이 쉽지 않을 수도 있다. 하지만 임용을 받았던 초임 시절이 있었던 것처럼 누구나 퇴직을 하게 되는 날이 반드시 온다.

우리나라의 대표적인 석학인 이어령 교수는 "젊은이들의 가장 큰 실수는 자신은 늙지 않는다고 생각하는 것이다. 젊은이는 늙고, 늙은이는 죽는다."라고 했다. 그러니까 내일 산다고 생각하지 말고, 오늘 이 순간의 현실을 잡아야 한다는 말이다. 이는 교직 생활에서도 마찬가지다.

교직을 떠날 때 소중하다고 생각하게 되는 것은 무엇일까? 지금 교사로서 소중하고 중요하다고 생각하는 일들이 퇴직할 때도 소중하고 중요한 일일지도 생각해볼 필요가 있다.

지금 있는 자리에서 가지고 있는 것으로 할 수 있는 것을 하라.

– 루스벨트

늙지 않는 사람이 어디 있으랴

- 이채

늙어보았느냐
나는 젊어보았다
젊어보고 늙어보니
청춘은 간밤의 꿈결 같은데
황혼은 어느새 잠깐이더라

지금 젊고
아직 늙지 않은 사람들아
인생이란
반복이 없고 연습 또한 없으니
세월이 유수라고
시간을 물 쓰듯 낭비하지 마라
오용과 남용이 삶을 망치고
나태와 추태가 사람을 망치더라

지금 젊어도
언젠가 늙을 사람들아
효도도 보고 배우는 것이니
좋은 것, 맛있는 것 있으면
자식보다 부모 먼저 건네어라
사람도 나무와 같아
뿌리를 섬겨야 잎이 무성하리

늙는 것도 서러운데
늙어가는 것보다 더 서러운 것은
늙었다고 외면하고
늙었다고 업신여기고
늙었다고 귀찮아 함이더라

세상천지에
늙지 않는 사람이 어디 있으랴.

- 이채, 『마음이 아름다우니 세상이 아름다워라』, 행복에너지, 2014, 16쪽

교사에게 필요한 편집 능력

현대사회에서 능력 있는 교사란 어떤 교사일까? 여러 가지가 있겠지만 남이 만들어놓은 것을 가져다 잘 사용하는 것도 교사의 능력이다. 예전에는 국가 수준의 교육과정을 최대한 아이들에게 잘 전달하는 교사가 능력 있는 교사로 여겨졌다. 그러한 시기가 지나고, 한때는 무엇이든 잘 제작하는 교사가 능력 있는 교사로 받아들여졌다. 컴퓨터가 교실로 도입된 뒤에는 컴퓨터를 잘 다루어서 학습 자료를 잘 제작하는 교사를 능력 있는 교사로 보았다. 하지만 요즘에는 더 이상 그런 교사를 능력 있는 교사라고 하지 않는다. 교사가 여러 분야에 걸쳐 많은 것을 알고 있으면 좋겠지만, 날마다 새로운 정보가 쏟아지는 현대사회에서 모든 지식을 안다는 것은 불가능하다. 그렇기 때문에 이제는 이미 누군가가 잘 만들어놓은 자료를 잘 선별하는 능력이 더욱 중요해졌다.

교사가 좋은 학습 자료를 만들려면 어마어마한 시간과 노력이 필요하다. 하지만 누군가에 의해 잘 만들어진 자료를 적재적소에 잘 사용하면 적은 노력으로도 큰 효과를 발휘할 수 있다.

많은 자료들을 자신만의 방법으로 잘 정선하려면 편집능력이 필요하다. 논문이나 연구 보고서도 혼자만의 생각으로 모든 것을 완성할 수는 없다. 기존에 나와 있는 타인의 이론들을 기반으로 하여 자신만의 생각을 더하고 편집하여 완성하는 것이다. 여러분이 읽고 있는 이 책도 여러 교육 관련 서적과 강의 들을 접한 뒤에 내 나름대로의 생각을 더하여 편집된 이야기라고 할 수 있다.

그렇다면 편집이 짜깁기와 같은 것이 아닌가 하고 생각할 수도 있을 것이다. 하지만 편집과 짜깁기는 다르다. 편집은 계층적 체계, 네트워크 체계를 가지고 새로운 것을 만들어가는 과정이다.

창조는 무에서 유를 만들어내는 것이며, 진정한 창조는 신만이 할 수 있는 영역이다. 그에 비해 창의는 새로운 것을 생각해내는 것이다. 기존에 있던 것을 새롭게 보는 것, 익숙해서 있는 줄도 모르던 것에 자신만의 생각과 관점을 더해서 새롭게 느낄 수 있도록 만들어주는 것이 창의성이다. 즉 남들과 다른 시선으로 보는 것이 창의적인 시선이라 할 수 있다.

창의적인 생각은 일상적이고 뻔한 것을 낯설게 보는 것에서부터 생겨난다. 교실에 빗자루가 있다고 해보자. 대부분의 성인은 빗자루를 보면 쓰레기를 쓸어낼 생각밖에 하지 않는다. 빗자루는 쓰레기를 치우는 도구일 뿐이고, 다르게 생각할 이유도 별로 없다. 하지만 아이들은 빗자루를 보면 다리 사이에 끼우고 올라타서 하늘을 날아다니는 마법사가 된 상상을 하기도 한다. 또 조금 큰 아이들은 빗자루를 야구방망이나 하키의 스틱으로 삼아 재미있게 놀기도 한다. 주어진 환경에서 최대한 재미를 찾아내려는 아이들의 시선이, 뻔한 도구인 빗자루를 빗자루로 보지 않고 낯설게 보아서 또 다른 도구로 탈바꿈시키는 것이다. 그래서 빗자루는 빗자루만이 아니라 하늘을 날 수 있는 도구도 되고, 야구방망이도 되고, 하키 스틱도 된다. 이런 것이 바로 창의적인 생각이다. 남이 만들어놓은 도구이지만 머릿속에서 그 용도를 새롭게 편집하여 자기 나름대로 요술빗자루, 야구방망이, 하키 스틱으로 만들어낸 것이다.

교사에게 필요한 학습 자료도 이렇게 창의성을 발휘할 수 있다. 새로운 학습 자료를 잘 만드는 것만이 아니라, 기존의 자료를 자신의 의도대로 편집하고, 그것을 적재적소에 잘 활용한다면 창의적이고 능력 있는 교사라 할 수 있다.

예를 들어 학급 경영록이나 학기 초 교사 소개, 아이들 환경조사서 등 필요한 양식이 있다고 하더라도, 굳이 자신이 어려운 컴퓨터 프로그램을 죽어라 공부해서 처음부터 끝까지 새롭게 학습 자료를 만들어야 할 필요는 없다. 이미 너무 많은 자료와 양식들이 나와 있다. 그러므로 기존의 것을 선별하고 바꾸어 새롭게 만들어내어 사용하는 편집 과정이 중요하다.

최근 교육계의 화두인 융합적인 인재란 창의적인 인재를 의미하며, 창의적인 인재란 결국 편집 능력을 가진 사람이다. 정보화시대인 요즘에는, 클릭 한 번으로 많은 정보를 접할 수 있다. 그야말로 정보의 홍수 시대라고도 할 수 있다. 이런 시대에 더욱 필요한 것이 바로 자신이 원하는 자료를 편집하고 관리하는 능력인 것이다.

따라서 이 시대의 능력 있는 교사란, 많은 학습 자료와 업무 자료를 잘 찾아내고 자신만의 것으로 편집할 수 있는 능력이 있는 교사라고도 할 수 있다. 자신만의 체계를 구축하여 잘 편집하는 능력을 기르는 것도 교사로서의 성장을 돕는다.

비울수록 성장할 수 있다

늘상 바쁘기만 한 현대사회, 아이들도 선생님도 바쁘다. 대부분의 교사는 수업 준비와 업무로 항상 바쁘다. 교사의 스마트폰 일정관리 앱을 보면 매일의 할 일과 이번 달에 해야 할 일이 빼곡히 적혀 있다. 여유를 부리거나 게으름을 피우면 요즘 세상에서 뒤처지고 말 거라고 생각한다. 그런데 정말 그렇게 바쁘게 사는 것이 의미 있는 일일까?

풍요롭고 행복한 미래의 삶을 위해 지금은 바쁘게 살아가지만, 정작 생각하던 것과 같은 미래는 오지 않는다. 빨리 일을 끝내면 여유로울 것 같지만 그렇지 않다. 열심히 빨리빨리 일을 하면 나머지 시간은 또 다른 일들로 다시 채워지고, 계속해서 바쁘게 살아갈 뿐이다.

예전에는 학교에서 매주 친목회가 열렸다. 모든 교사들이 나와서 일주일에 한 번 이상은 꼭 친목활동을 했다. '바쁜데 무슨 친목회야?'

하면서도, 어찌된 일인지 일단 나가면 재미있기도 해서 친목행사는 학교생활에 적지 않은 활력소 역할을 했다. 물론 교사에 따라서 친목행사를 싫어하는 교사도 있었지만 말이다. 하지만 요즘에는 정기적으로 친목활동을 하는 학교는 거의 찾아보기 힘들 정도다. 만일 다시 예전처럼 매주 친목활동이 학교에서 이루어진다면 많은 교사들은 '어떻게 한가하게 친목활동을 하지?'라고 생각할지도 모른다. 교사든 학생이든 너도나도 모두 바빠서, 시간을 낼 여지가 없기 때문이다.

예전에 교무부장 업무를 볼 때 너무나 바빠서 수업 사이의 쉬는 시간마다 교무실에 돌아가 일 처리를 한 적이 있었다. 그러다 너무 지치고 힘들어지면 가끔 수업을 마치고 전담실에 앉아 리코더와 기타를 연주하면서 머리를 환기시켰다. 그러면 일로 지친 마음을 조금이나마 달랠 수 있었다. 해야 할 일이 산더미처럼 많지만, 그렇다고 쉬지 않고 업무에만 매달리면 창의적인 생각을 할 수 없다.

멍하니 아무것도 하고 있지 않을 때 가장 창의적인 생각을 할 수 있다는 연구 결과도 있다. 바꾸어 말하면 가장 열심히 일할 때가 가장 창의적이지 못하다는 역설적인 결론이 나온다.

열심히 한다는 것은 정해진 것을 한다는 것이다. 정해진 것을 한다는 것은 생각할 겨를이 없다는 뜻이다. 생각을 하지 않으니 창의적인 것도 나올 수 없다. 창의력은 기존의 수많은 생각들로 가득 찬 머릿속에서 나오는 것이 아니라 새로운 생각이 나올 수 있도록 머리를 비우는 것에서 생겨난다. 비워야 창의력이 생긴다.

같은 이유로 교사에게는 휴식과 여유가 필요하다. 그래야 더욱 발전된 모습으로 아이들을 만날 수 있다. 교사가 여유가 없으면 아이들도 여유를 가질 수 없다. 그러므로 창의적이고 생산적인 교육과 삶을 위해서는 교사 자신을 위한 시간이 반드시 필요하다.

노자(奴子)는 "학문은 하루하루 쌓아가는 것이고 도(道)는 하루하루 없애가는 것"이라고 했다. 더 크게 채우기 위해서는 비워야 한다는 뜻이다. 최고의 완벽함은 더 보탤 것이 없을 때가 아니라 더 이상 뺄 것이 없을 때 이루어진다. 버리고 포기하는 것은 소중한 것을 남기기 위한 일이다.

학교에서 일어나는 문제점들은 쉼과 여유에서 나오는 것이 아니라 대부분 과욕이 빚어낸 결과이다. 그러므로 때론 느리게, 최대한 느리게 게으름을 피우는 것도 필요하다. 역설적으로 그 과정에서 삶도 교육도 더 풍요로워진다.

요즘 직장인들은 저녁이 있는 삶, 주말이 있는 삶을 중요시한다. 쉬어야 생산적이라는 것을 비로소 느끼기 시작했다. 다른 나라 사람들에게 물으면, 휴가를 즐기기 위해 일을 한다고 말하는 사람도 적지 않다. 실제로 몇 달은 열심히 일하고, 휴가도 몇 달씩 가는 경우가 있다. 유태인의 노동철학은 쉼의 철학이라고도 말한다. 그에 비해서 우리는 일을 더 잘하기 위한 재충전의 의미로 휴식을 생각하는 것이 보통이다.

하지만 이제 달리 생각해보자. 남이 만들어놓은 삶이 아닌, 나 자신의 삶을 위해서는 휴식과 자기반성이 반드시 필요하다. 그동안 채우는 것에만 익숙했다면 이제는 비우고 쉬는 것에도 익숙해져보자. 비움과 휴식 속에서 개인으로서의 내 삶과 아이들을 위한 여러 가지 교육 방법, 더 좋은 교사로서의 길을 찾게 될 것이다.

참고문헌

EBS 학교란 무엇인가 제작팀, 『학교란 무엇인가 1, 2』, 중앙books, 2011.

강성태, 『강성태 66일 공부법』, 다산4.0, 2016.

강원국, 『대통령의 글쓰기』, 메디치미디어, 2014.

경기교육연구소, 『교사생활 월령기』, 에듀니티, 2017.

공병호 · 김난희, 『미래 인재로 키우는 우리아이 10년 프로젝트』, 21세
　　기북스, 2008.

김성효, 『교실 속 변화를 꿈꾸는 기적의 수업 멘토링』, 행복한미래,
　　2013.

김성효, 『학급경영 멘토링』, 행복한미래, 2013.

김성효 · 권순현 · 허승환, 『수업의 완성』, 즐거운학교, 2014.

김수현, 『한 권으로 끝내는 초등학교 입학 준비』, 청림life, 2019.

김용욱,『몰입의 법칙』, 21세기북스, 2008.

김재훈,『대한민국 교사로 산다는 것』, 우리교육, 2017.

김정운,『가끔은 격하게 외로워야 한다』, 21세기북스, 2015.

김해경 외,『성장과 발달을 돕는 초등 평가 혁신』, 맘에드림, 2016.

김혜숙·최동옥,『교사를 위한 학부모상담 길잡이』, 학지사, 2013.

더그 레모브,『최고의 교사는 어떻게 가르치는가』, 해냄, 2013.

도익성,『승부를 가르는 77가지 인생경영』, 아름다운사람들, 2008.

동팡원뤼,『제갈량 리더십』, 랜덤하우스코리아, 2005.

래리 바커·키티 왓슨,『마음을 사로잡는 경청의 힘』, 이아소, 2013

루비 페인,『계층이동의 사다리』, 황금사자, 2011.

리처드 탈러·캐스 선스타인,『넛지』, 리더스북, 2018.

마스노 슌묘,『화내지 않는 43가지 습관』, 담앤북스, 2014.

박숙영,『회복적 생활교육을 만나다』, 좋은교사, 2014.

박현숙,『교사는 수업으로 성장한다』, 맘에드림, 2012.

복주환,『생각정리 스피치』, 천그루숲, 2018.

사이토 다카시,『혼자 있는 시간의 힘』, 위즈덤하우스, 2015.

손우정,『배움의 공동체』, 해냄, 2012.

신기수 외,『이젠, 함께 읽기다』, 북바이북, 2014.

앤디 앤드루스,『폰더 씨의 실천하는 하루』, 세종서적, 2008.

엄훈,『학교 속의 문맹자들』, 우리교육, 2012.

오츠 슈이치,『죽을 때 후회하는 스물다섯 가지』, 21세기북스, 2009.

요아힘 바우어, 『학교를 칭찬하라』, 궁리, 2009.

유시민, 『유시민의 글쓰기 특강』, 생각의길, 2015.

유필화, 『무엇을 버릴 것인가』, 비즈니스북스, 2016.

윤홍식, 『인성교육, 인문학에서 답을 얻다』, 봉황동래, 2016.

이경원, 『교육과정 콘서트』, 행복한미래, 2014.

이민규, 『끌리는 사람은 1%가 다르다』, 더난출판사, 2005.

이민선, 『날아라 꿈의 학교』, 오마이북, 2017.

이병률, 『끌림』, 달, 2010

이혁규, 『수업 – 누구나 경험하지만 누구도 잘 모르는』, 교육공동체벗,
    2013.

이혁백, 『하루 1시간, 책 쓰기의 힘』, 레드베어, 2016.

정도상, 『북유럽의 외로운 늑대! 핀란드』, 언어과학, 2011.

정재승, 『정재승의 과학 콘서트』, 어크로스, 2011.

조벽, 『조벽 교수의 수업 컨설팅』, 해냄, 2012.

조벽, 『조벽 교수의 인재 혁명』, 해냄, 2010.

조항범, 『말이 인격이다』, 예담, 2009.

채사장, 『지적 대화를 위한 넓고 얕은 지식』, 한빛비즈, 2014.

최갑용, 『학교에 뭐가 있길래』, 좋은땅, 2018.

하승우 외, 『상상하라 다른 교육』, 교육공동체벗, 2013.

한비야, 『그건, 사랑이었네』, 푸른숲, 2009.

홍세화 외, 『불온한 교사 양성과정』, 교육공동체벗, 2012.

교사의 길을 걷는다는 것

'작은 물방울이 바위를 뚫는다[水適穿石].'

큰 망치와 정으로는 바위를 뚫기 어렵다. 빠르게 바위를 뚫으려다 가는 자칫 바위 자체를 깨지게 할 수도 있다. 그러나 작은 물방울이 바위에 구멍을 뚫을 수 있듯, 포기하지 않으면 못할 일이 없다.

교육이란 작은 물방울이 바위에 떨어지는 것과 같아서 한 번에 큰 성과를 내는 것은 어렵다. 자칫 무리하다 보면 교직에 대한 회의감이 들 수도 있다. 하지만 가르치기를 포기하지 않고 한 걸음씩 나아가 어제보다 좀 더 발전할 수 있도록 힘쓴다면 좀 더 나은 내일을 기대할 수 있다.

　처음부터 아이들이 좋아서 교직의 길을 선택할 수도 있고, 주변의 권유로 교사의 길로 들어섰을 수도 있다. 이유야 어떻든 우리는 아이들과 함께하는 교사의 길을 걷게 됐다. 그리고 교사가 된 이상 누구나 아이들에게 사랑받고 동료에게 인정받는 교사가 되길 바랄 것이다.

　좋은 교사가 되고 싶다면 누구나 하는 것만큼의 수고를 해야 하고, 때로는 그 이상의 수고와 시간을 들여야 한다. 좋은 교사를 꿈꾸지만 잘 이루어지지 않는다고 생각된다면 내가 그 꿈을 이루기 위해 얼마나 많은 시간과 정성, 대가를 지불하고 있는지도 따져보아야 한다. 멋진 근육질의 몸매를 위해서는 매일 식단을 조절하면서 꾸준히 운동을 해야 하는 것처럼, 좋은 교사가 되기 위해서는 부단한 자기 성찰과 성장을 위한 노력이 필요하다.

나 자신이 과연 교사로서 잘 하고 있는지 궁금한 적이 있을 것이다. 교사는 사람을 상대하는 직업이다. 그렇기 때문에 교사 혼자만의 삶이란 있을 수 없다. 교사의 길을 걸으며 누군가에게 도움이 되고, 아이들이 좀 더 나아지도록 힘썼다면 잘 걸어가고 있는 것이다. 또한 교사는 주변과 아이들에게 많은 영향을 미치는 직업이므로 끊임없는 성찰이 필요하다. 성찰하지 않으면 성장할 수도 없다.

그런 의미에서 나는 글쓰기를 택했다. 성찰을 하는 데 있어서 글쓰기만큼 좋은 방법을 찾기도 어렵기 때문이다.

알기 때문에 글을 쓰는 것이 아니라, 쓰기 때문에 진정으로 알게 된다는 말을 들었다. 글을 쓰면서 자신의 생각과 경험, 그리고 나아갈 길을 정리하면 더욱 발전할 수 있다.

『아프니까 청춘이다』라는 책에서 저자는 기적은 한 번에 일어나는 것이 아니라 천천히 일어나는 것이라고 했다. 교직을 걷는 교사에게는 더욱 그렇다. 가르치는 것은 곧바로 성과를 확인할 수 없기 때문에 어려운 일이다. 그러나 교사는 먼 미래에 아이가 성장할 수 있도록 밑거름이 되는 일을 해야 한다. 누가 알아주지 않아도 흔들리지 않고 오늘도 묵묵히 아이들을 가르치는 교사가 있었기에 지금의 교육이 존재할 수 있는 것이다.

한편 교사라면 누구나 아이들을 잘 가르치고자 하는 열망을 가지고 있다. 이런 열망에는 아픔과 힘든 시간이 따르게 된다. 즐거울 때보다 힘든 시간이 많은 것이 교사의 길이다. 그래서 아이들을 가르치는 힘든 시간도 사랑해야 한다. 힘든 시간을 이겨냈을 때 교사로서의 자신감이 얻어진다.

세상을 변화시킨 사람들에게는 늘 시련과 역경이 함께 있었다. 'No pain, no gain'이란 말도 있지 않는가? 그러나 이런 힘든 시간은 교사를 가로막는 장벽이 아니라 아이들과 함께 성공으로 이끌어주는 다리가 되기도 한다.

교사의 길을 걷는 것은 힘든 과정이다. 하지만 힘든 시간을 회피하지만 말고 부딪혀서 이겨내면 진정한 가르침의 즐거움을 알게 될 것이다. 교사는 누구나 될 수 있지만 아무나 해서는 안 된다는 말이 있다. '아무나'가 되지 않고, 오늘도 아이들과 함께하는 교사가 되기를 소망해본다.

가수 김연자가 부른 노래 중에 〈아모르 파티(Amor Fati)〉가 있다. 다소 생소한 이 제목은 라틴어의 '아모르(Amore, 사랑)'라는 단어와 '파티(Fate, 운명)'라는 단어가 합쳐진 말로, '자신의 운명을 사랑하라.'는 뜻이다. 독일의 철학자 니체의 운명관을 나타내는 용어이기도 한 '아모르 파티'는 필연적인 운명을 그저 감수하는 것이 아니라 자신의 운명을 사랑하며 살아가는 삶의 태도를 말해준다.

많고 많은 길 중에 교사라는 길을 걷게 된 것은 운명이다. 교사라는 운명의 길을 걷고 있다면 교사로서의 삶을 받아들이는 것도 좋다. 아이

들과의 만남이 항상 즐거울 수만은 없지만 이를 긍정적으로 받아들이
고 운명으로 생각하면 한순간도 아이들에게 소홀할 수 없다.

교사의 길을 걷는나는 것은 행복한 운명이다.